रेत में आकृतियाँ

कवि श्रीप्रकाश शुक्ल के इस तीसरे कविता-संग्रह में संगृहीत कविताएँ रेत और नदी के बीच, दिक् और काल के बीच तथा ठहराव और बहने के बीच देखने के नये सूत्र को प्रस्तावित करती हैं। श्रीप्रकाश शुक्ल का यह संग्रह इस अर्थ में, विगत वर्षों में आये अनेक कविता-संग्रहों से कुछ अलग है कि यह सिर्फ़ रेत और जल के बिम्बों और रूपकों को ही केन्द्र में रखकर रची गयी कविताओं का संग्रह है। दरअसल यहाँ धुरी एक है लेकिन उसकी छवियाँ अनेक हैं। रेत के ही नहीं, जल के भी मन में अनेक संस्मरण हैं। यहाँ रेत नदी का अनुवाद नहीं, उसका विस्तार है। कहा जा सकता है कि रेत की आकृतियाँ नदी के अन्तर्लोक का बाह्यीकरण हैं और रेत के भीतर बहती नदी, रेत के बाह्यीकरण का आभ्यन्तर है। नदी का तट जो एक विशाल कैनवस में परिणत हो गया है, उसमें कलाकार के हाथों की छुअन को श्रीप्रकाश शुक्ल अदीठ नहीं करते, हालाँकि वह यह भी मानते हैं कि कलाकार के स्पर्श से अनेक आकृतियाँ खुद-ब-खुद उभरती चली आती हैं और ये आकृतियाँ कहीं-न-कहीं हमारी विस्मृति के विरुद्ध इस कैनवस को विस्तार देती हैं, जिसमें अनगिनत संस्कृतियों के स्वर की अनुगूँज मौजूद है।

इन कविताओं की लय रेत में बनती-मिटती, हवा और नदी की लय के साथ जुड़ती-मुड़ती लहरों जैसी ही है। इनमें आये देशज शब्द और मुहावरे नदी और रेत की आकृतियों को उसके भूगोल से कभी विलग नहीं होने देते; लेकिन इन कविताओं में न रेत ठहरी हुई है, न नदी। रेत में भी एक गति है और नदी में भी। गति ही उनकी पहचान को परिभाषित करती है।

श्रीप्रकाश शुक्ल की इन कविताओं को पढ़ते हुए हम कई बार नदियों, समुद्रों और उनके रेतीले तटों पर बनी आकृतियों के पास जाते हैं और वापस कविता के पास आते हैं। आवाजाही की इस सतत प्रक्रिया के बीच ये कविताएँ स्मृतियों के साथ एक पुल बनाने का काम करती हैं।

–राजेश जोशी

रेत में आकृतियाँ

श्रीप्रकाश शुक्ल

वाणी प्रकाशन ग्रुप
भारतीय ज्ञानपीठ
वाणी प्रकाशन : भारतीय ज्ञानपीठ की पुस्तकों के एकमात्र प्रकाशक एवं वितरक

सजिल्द पहला संस्करण : 2024

लोकोदय ग्रन्थमाला : ग्रन्थांक 1135

प्रकाशक
वाणी प्रकाशन ग्रुप
4695, 21-ए, दरियागंज, नयी दिल्ली-110 002
फ़ोन : 011-23273167, 23275710
ईमेल : sales@vaniprakashan.in

ISBN : 978-93-5775-778-2

रेत में आकृतियाँ
(कविता-संग्रह)
श्रीप्रकाश शुक्ल

RET MEIN AAKRITIYAAN
(Poetry)
by Shriprakash Shukla

मुद्रक : आर. टेक ऑफ़सेट प्रिंटर्स, दिल्ली-110 032
आवरण-चित्र : लेखक के सौजन्य से

Price : INR. 395

गाढ़े के साथी
प्रिय कथाकार अखिलेश को

यह संस्करण

मुझे ख़ुशी है कि वाणी प्रकाशन द्वारा 'रेत में आकृतियाँ' नामक कविता-संग्रह का पेपरबैक संस्करण सुन्दर साज-सज्जा के साथ प्रकाशित हो रहा है। वर्ष 2012 में इसका पहला संस्करण भारतीय ज्ञानपीठ से प्रकाशित हुआ था जो अब वाणी प्रकाशन समूह का हिस्सा है। तब से लेकर पिछले बारह वर्षों में काशी, गंगा व गांगेय रेत में काफ़ी परिवर्तन हुआ है। कई नयी आकृतियों ने मेरी कविता में जगह ली है और कई अभी भी मेरे भीतर अकुला रही हैं जिनको लेकर शीघ्र ही इसका अगला भाग 'आकृतियों में रेत' नाम से प्रकाशित होगा।

फ़िलहाल इस संग्रह का नया संस्करण प्रकाशित करने हेतु वाणी प्रकाशन के मुखिया अरुण माहेश्वरी व विदुषी अदिति माहेश्वरी के प्रति आभार व्यक्त करता हूँ।

युवा आलोचक विंध्याचल यादव ने इस संग्रह पर एक व्यवस्थित समीक्षा लिखकर इसके तमाम अन्त:सूत्रों को जिस ताज़गी के साथ दर्ज किया है, उसके लिए उन्हें ख़ूब स्नेह व शुभकामनाएँ !

उम्मीद है कि इनकी इस समीक्षा से संग्रह में संकलित कविताएँ और भी खुलकर सामने आ सकेंगी।

फ़िलहाल इस संग्रह को भरपूर प्यार देने के लिए इन कविता-पंक्तियों से मैं अपने सभी सहृदय पाठकों के प्रति आभार व्यक्त करता हूँ—

कलाकार ने रेत पर बनायीं जो मूर्तियाँ
वे सभी धिक्कृत थीं !

दलाल ने रेत पर बनाये जो घर
वे सभी अधिकृत थे।

मूर्तियों व घर के बीच
रेत छटपटा रही है
और विसर्जन के समस्त दावों को ध्वस्त करती नदी
मूर्तियों में उतिरा गयी है!

(19/01/2024)

—श्रीप्रकाश शुक्ल

कवि कै बोल

'रेत में आकृति' नाम से इस संग्रह का विशेष सन्दर्भ है। वर्ष 2005 में अपने काशी प्रवेश के साथ ही मैं यहाँ के प्रसिद्ध मूर्तिकार मदनलाल के सम्पर्क में आ गया और उन्हीं के साथ 19 जनवरी, 2007 को गंगा के उस पार 'रेत में आकृति की खोज' विषयक मूर्तिशिल्प के आयोजन में शामिल हुआ। यह आयोजन खुद मदनलाल के द्वारा प्रत्येक वर्ष 19 जनवरी को अपने गुरु राम छाटपार की स्मृति में किया जाता है जहाँ गंगा के उस पार की रेत में कलाकारों द्वारा रेत में आकृतियाँ बनाई जाती हैं। यहाँ उस दिन कोई भी रेत में आकृति बना सकता है, कोई भी इन आकृतियों का मूल्यांकन कर सकता है। यहाँ हजारों की भीड़ होती है और दिनभर मेले का दृश्य रहता है। यहाँ गंगा-पार एक ऐसा मुक्ताकाशी मंच होता है जहाँ हर कोई कलाकार है और हर कुछ आकृति! कह सकते हैं कि मूर्तिकारों का यह एक ऐसा अनूठा आयोजन है जो पहली बार में ही मुझे आकर्षित कर गया। यहीं से मेरे भीतर एक आवाज उठी कि क्यों न मूर्तिकला की तरह रेत को कविता में भी ले आया जाए क्योंकि मूर्तियों में लम्बाई, चौड़ाई और ऊँचाई तो आ जाती है लेकिन काल! उसके लिए वहाँ स्पेस नहीं होता और यह भी कि काल के दायरे में रेत के जीवन राग को कैसे सुना जाए। ये कुछ ऐसे सवाल थे जो मुझे रेत में कविता की ओर लेते गये और इस प्रयास में पहली कविता खुद 'रेत में आकृति' नाम से ही लिखी गयी जो प्रतिष्ठित कथाकार रवीन्द्र कालिया के सम्पादन में 'नया ज्ञानोदय' के अक्टूबर 2007 अंक में प्रकाशित हुई। इस कविता पर मिली पाठकों की व्यापक प्रतिक्रिया ने मुझे गंगा के किनारे पसरी रेत पर दूर तक चलने को विवश किया जहाँ गंगा के समानान्तर रेत को भी चलता हुआ देख सका। यहाँ जैसे-जैसे मैं रेत में धँसता गया वैसे-वैसे कविता उभरती गयी और अपनी आन्तरिक ऊष्मा के कारण आज वह इस रूप में है। फिर तो इन्हीं कविताओं पर पोस्टर बनाने से लेकर पुस्तिका प्रकाशन तक का कार्य खुद मदनलाल ने किया जिसकी सुखद परिणति के रूप मे यह संग्रह आप तक पहुँच रहा है।

यहाँ संकलित कविताओं के बारे में मुझे कुछ नहीं कहना है क्योंकि अच्छा यही होगा कि कविताएँ खुद बोलें किन्तु इतना अवश्य है कि रेत यहाँ मेरी अन्तरंग सहचर और ऊर्मिल अनुभूति रही है। इन कविताओं को लिखते समय मैंने बराबर महसूस किया है कि रेत भौतिक रूप में चाहे जितनी शुष्क और उपेक्षित रही हो, कविता में आने के बाद वह उतनी ही प्राणवेगी व सरस हो जाती है जितना कि प्रकृति का कोई भी गतिशील तत्त्व। यह किसी भी रचना के शिल्प से ही सम्भव होता है क्योंकि यह शिल्प ही है जो स्मृति व कल्पना के सहारे क्षणिक को शाश्वत में बदल देता है। इस बदलने की प्रक्रिया में सम्भव है थोड़ी कला यहाँ भी हो किन्तु यह किसी कलावाद के दायरे में नहीं है। कला यहाँ केवल मानवीय सृजन की इच्छा का परिणाम है और सृजन की इच्छा अनिवार्यत: सामाजिक हुआ करती है। कह सकते हैं कि यह कला और कविता के मानवीय सम्बन्धों को समझने का एक विनम्र प्रयास है। इस माध्यम से मैंने कविता को अधिक मानवीय और उदात्त बनाने की कोशिश की है। साथ में खुद को भी। कविता इस प्रकार हमारे लिए ज़्यादा अनुग्राही साबित हुई है। यहाँ रेत अपने सन्दर्भ में मेरे लिए लगातार बड़ी होती गयी है। जाहिर-सी बात है रेत की भी अपनी भाषा होती है और साहित्य यदि भाषा के गहरे मौन को तोड़ता है तो मैने भी यहाँ रेत के गहरे मौन को तोड़ने का प्रयास किया है।

अन्त में इतना और कि यह गांगेय रेत जो बनारस से ही पकड़ में आयी है, इतनी बनारसी नहीं है कि औरों के काम की न हो। यहाँ रेत मेरे लिए जीवन का उत्सव है, मन का उछाह है और है एक ऐसी उम्मीद जहाँ हर प्रकार के अवसाद से मुक्ति का उपाय मिलता है। मैंने यहाँ रेत में फस्ल-ए-तमन्ना बोने की कोशिश की है। कितना कर सका हूँ यह तो कविता के सहृदय ही बता सकेंगे लेकिन बरबस ही मुझे अज्ञेय की एक कविता याद आ रही है—

अरे अन्त: सलिला है रेत
अनगिनत पैरों तले रौंदी हुई अविराम
फिर भी घाव अपने आप भरती
पड़ी सज्जाहीन
धूसर गौर
निरीह और उदार!

('अन्त:सलिला', अज्ञेय, 1959)

जून, 2012

—श्रीप्रकाश शुक्ल

रेत में आकृतियाँ : हर नाउम्मीदी के ख़िलाफ़!

(बनारस के लोक को ग्रसती नव-औपनिवेशिकता का सांस्कृतिक सामना)

रेत में आकृतियाँ। आकृतियाँ निष्प्राण नहीं। मुर्दों का टीला नहीं। सभ्यता की ज़िन्दा रेत घड़ी। दिक्-काल की सूइयों की टिक्-टिक्। संस्कृति-नदी की नब्ज़ पर। आकृतियाँ: स्वप्न और उम्मीद से सिक्त। विस्मृति के विरुद्ध। प्रसवधर्मी। एक गहरे जीवन-राग से युक्त। रेत यहाँ अतिभौतिकवादी सभ्यता के संकटों के बरक्स मानवीय सृजन का सांस्कृतिक मंच बन गयी है। यहाँ घर से बाहर निकलने और कुछ रचने का रूपक है रेत। नव-औपनिवेशिक व्यक्तिवाद के सामाजिकीकरण का रास्ता। तेज़ सांस्कृतिक बहाव के ख़िलाफ़ अपनी जड़ों की नमी का एहसास। संग्रह की कविताओं में बनारस के तीन भौगोलिक 'शेड्स' उभरते हैं, जिनसे संग्रह की पूरी संरचना में बनारस अपनी सांस्कृतिक विडम्बना के साथ खुलता है। पहले तो इस पार का बनारस शहर है। आबादी की घुटन-भरी बसावट, आपाधापी, ढर्रेदार ज़िन्दगी, बाज़ार और नवमहाजनी सभ्यता की फाँस, रूढ़ि और धार्मिक पाखण्ड की जकड़ में बनारसी समाज। दूसरी तरफ़ शान्त-निर्जन रेत का विस्तृत पाट। एक खुलापन। इधर अपनी उदासी और सन्नाटे के बावजूद मानवीय बेचैनी और स्वप्नजीविता की सम्भावना लिये गंगा के ये कछार हैं, जहाँ कुछ फ़सलें हैं, किसान हैं, कुछ जन्तु हैं, चरवाहे हैं और रेत में जीवन की सलवटें बुनते हुए कुछ कलाकार हैं। और इन दोनों के बीच वह तीसरा पक्ष है जो जड़-जगत् के साथ चेतना का प्रतिनिधि है, गति का, जीवन-स्पन्द का, परिवर्तन और शाश्वतता का अद्भुत कंट्रास्ट। विरासतवाही गंगा। इतिहास और संस्कृति की सहस्त्रों कथाओं का डायनैमिक दस्तावेज़। एक अनथक-अपराजेय जिजीविषा का प्रवाह।

श्रीप्रकाश शुक्ल का यह काव्य-संग्रह बनारस के शहरी जीवन की यान्त्रिकता के सम्मुख गंगा और गंगा पार की उन्मुक्त रेत को सांस्कृतिक रचनाशीलता के

वैकल्पिक स्रोत के रूप में रखता है। इसके केन्द्र में नदी और रेत के साथ गुँथती मानवीय रचनाशीलता की विविध भंगिमाएँ और रूप हैं। श्रीप्रकाश शुक्ल वैसे तो वृहत्तर बनारस (बनारस, मिर्ज़ापुर, सोनभद्र, ग़ाज़ीपुर आदि) के भूगोल और संस्कृति के खाँटी कवि हैं, लेकिन इस संग्रह में एक अलग ही बनारस आया है, या कहें कि यह बनारस के अलग व अछूते भूगोल को सर्वथा अलग परिप्रेक्ष्य में रेखांकित करता संग्रह है। बनारस के लोक को ग्रसती नव-औपनिवेशिकता का सांस्कृतिक सामना करती हुई कविताओं का संग्रह है—'रेत में आकृतियाँ'।

श्रीप्रकाश शुक्ल मूलत: अवधी और भोजपुरी भाषी प्रदेश के कवि हैं। और बारीकी से कहें तो कहना चाहिए कि वे इन दोनों भाषाओं की सीमान्त उपबोलियों के क्षेत्र के कवि हैं। श्रीप्रकाश शुक्ल का गृह-अंचल सोन नद और गंगा नदी के बीच का प्रदेश है जहाँ अवधी की ही एक उपबोली मिर्ज़ापुरी बोली जाती है जिसका विस्तार इलाहाबाद की तराई तक है, जो ख़ुद अवधी भाषी कोर बेल्ट का सीमान्त जनपद है और जहाँ से श्रीप्रकाश शुक्ल की शिक्षा और कवि-व्यक्तित्व के निर्माण की जड़ें गहराई से जुड़ी हैं। इधर ग़ाज़ीपुर और बनारस दोनों भोजपुरी भाषा के सीमांत हैं तथा दोनों श्रीप्रकाश शुक्ल के काव्य-खनिज का स्रोत और रचनाभूमि हैं। काशी तो अब जीवनभूमि भी। और यहाँ की भाषा भोजपुरी की उपबोली काशिका है। यूँ श्रीप्रकाश शुक्ल मिर्ज़ापुरी और काशिका वर्नाक्यूलर के क्षेत्र के कवि हैं, जिसकी गहरी छाप उनकी काव्यभाषा पर है भी। उदारीकरण और भूमण्डलीकरण के वैश्विक प्रभाव के बीच नब्बे के बाद के हिन्दी कवियों की पीढ़ी ने और श्रीप्रकाश शुक्ल ने आधुनिकता के इन तमाम विद्रूप व अतियों का सामना कविता में स्थानीयता (भूगोल) और लोक (संस्कृति) के सजग प्रयोग द्वारा किया। यूँ श्रीप्रकाश शुक्ल कविता में आंचलिकता और भूगोलबोध के कवि हैं। जान-बूझकर उनकी कविताओं की नाभि में बनारस अपने भूगोल और संस्कृति के साथ आता है। इस मामले में ज्ञानेन्द्रपति और केदारनाथ सिंह की बनारस केन्द्रित कविताएँ उनके सामने मज़बूत परम्परा की तरह रही हैं जिसका सोता काशिकेय परम्परा के हिन्दी कवियों कबीर, रैदास, तुलसीदास, भारतेन्दु, प्रसाद, त्रिलोचन और धूमिल आदि की कविताओं में धँसा हुआ है।

इस संग्रह को पढ़ते हुए बनारस के ही एक बहुत बड़े कवि जयशंकर प्रसाद की प्रसिद्ध कविता 'ले चल वहाँ भुलावा देकर' की तरफ़ सहसा ध्यान जाता है कि इस कविता की पंक्ति 'तज कोलाहल की अवनी रे' में 'कोलाहल की अवनी' क्या श्रीप्रकाश शुक्ल के इस संग्रह की 'बसन्त' शीर्षक कविता के 'शहर-शहराँव' के 'काँव-काँव' का ही पूर्वरंग नहीं है! यह एक दिलचस्प प्रश्न है कि प्रसाद के

कवि-मन में निर्जन का वह 'इमेज' कहाँ से कौंधा होगा, जिसका चुनाव इस कविता में वे करते हैं। श्रीप्रकाश शुक्ल का यह संग्रह पढ़ते हुए बार-बार ऐसा लगता है कि बनारस के गांगेय अंचल में रहते हुए उन्मुक्त अम्बर तले विस्तृत गंगा पार के रेतीले कछार प्रसाद की उक्त कल्पना के आधार बने हों!

बनारस में गंगा पार रेत पर प्रत्येक वर्ष 19 जनवरी को मूर्तिकार मदनलाल अपने गुरु रामछाटपार की स्मृति में शिल्पकारों का मेला लगाकर रेत में आकृतियाँ गढ़ते हैं जिसको आधार बनाकर श्रीप्रकाश शुक्ल का यह कविता-संग्रह रचा गया है। यह रोचक संयोग है कि उस निर्जन पर लिखते हुए उक्त कविता में जयशंकर प्रसाद ने भी सृजन-मेला का ज़िक्र किया है—"श्रम-विश्राम क्षितिज बेला से/जहाँ सृजन करते मेला से"। सृजन का यही मेला मूर्तिकार मदनलाल और कवि श्रीप्रकाश शुक्ल दोनों की रचनात्मकता का स्रोत है और परम्परा के अधिग्रहण का यही ढंग है जिसे श्रीप्रकाश शुक्ल अपने पुरखे कवि से अर्जित करते हैं। लेकिन दोनों में गुणात्मक अन्तर यह है कि प्रसाद कोलाहल की अवनी को तज जिस निर्जन का चयन करते हैं, उसके सृजन और सौन्दर्य की सारी ज़िम्मेदारी 'विभु की विभुता' और प्रकृति पर छोड़ देते हैं, जबकि श्रीप्रकाश शुक्ल के यहाँ इस निर्जन का अभिषेक मनुष्य करता है—अपनी राजनीति, संस्कृतिबोध, सौन्दर्याभिरुचि और कला-सर्जना के बल-बूते। इतिहासबोध का यह 'डिपार्चर' (जिसे प्रसाद के सम्बन्ध में पलायन कहा गया) दरअसल, काशी की लोक-संस्कृति के नव-औपनिवेशिक संकट की चपेट में आते चले जाने के विरुद्ध बनारस की हिन्दी कविता का अपना प्रतिरोध है और यह प्रतिरोध प्रसाद और श्रीप्रकाश शुक्ल अलग-अलग समयों में अपने अलग-अलग ढंग से करते हैं। ग़ौरतलब है कि नब्बे के बाद की हिन्दी कविता में बाज़ार और नव-औपनिवेशिक पूँजीवादी संकट को लेकर एक सजग बेचैनी मौजूद रही है। जिसका सामना वह अपनी लोक-चेतना और प्रकृति से अपने नये ढंग के संवाद के ज़रिये करती है। यह प्रवृत्ति केदारनाथ सिंह से लेकर ज्ञानेन्द्रपति, अरुण कमल, मदन कश्यप, अनामिका, बद्रीनारायण तथा श्रीप्रकाश शुक्ल आदि कवियों की पूरी पीढ़ी तक पायी जाती है। इन्हीं अर्थों में 'रेत में आकृतियाँ' नब्बे के बाद की हिन्दी कविता की मूल संवेदना का प्रतिनिधि काव्य-संग्रह है।

यह काव्य-संग्रह वास्तुकला और मूर्तिकला से कविता की एक दिलचस्प मुलाक़ात है। एक सांस्कृतिक संवाद। एक तरह से शिल्प व मूर्तिकला की रिक्तता को पूरती हुई दो कला-माध्यमों की आपसी मुहाँ-मुँही। यही कारण है कि इस संग्रह की कविताओं में दृश्य (Visuals) बहुत हैं जबकि श्रीप्रकाश शुक्ल के दूसरे

काव्य-संग्रहों की कविताओं के शिल्प में कथात्मकता एक प्रमुख विशेषता रही है। अस्सी से नब्बे के बीच 'बिम्ब' कविता की ताक़त और 'दृश्य' कमज़ोरी माने जाते थे लेकिन नब्बे के बाद मँडराते नव-औपनिवेशिक सांस्कृतिक संकट ने मनुष्य की स्मृति और कल्पनाशीलता दोनों को कुन्द करना शुरू किया जिससे बिम्बात्मकता के लिए स्पेस सँकरा होता गया और कथात्मक शिल्प के सहारे कविता ने अपने समय के तमाम ख़तरों का सामना किया। ज़ाहिर है, यह द्विवेदीयुगीन इतिवृत्तात्मकता की वापसी नहीं थी क्योंकि यहाँ कथा सिर्फ़ कही भर नहीं जाती वरन् कथाओं के प्रति एक इतिहास विवेक और उनकी सांस्कृतिक पुनर्रचना की कोशिश मिलती है। भारतीय समाजों के सम्बन्ध में कथाओं का बड़ा गहरा सम्बन्ध लोक से बनता है और मनुष्य की स्मृति और कल्पनाशीलता को बचाने का कथाओं से अच्छा कोई माध्यम नहीं है। इस दृष्टि से लोककथाओं, लोकगीतों, लोकधुनों, मिथकों, प्रकृति-तत्व एवं आम-अस्मिताओं के चित्रण के सहारे नब्बे के बाद की हिन्दी कविता ने अपने समाज को एक ज़रूरी इतिहासबोध और सांस्कृतिक चेतना के मूल स्रोतों से जोड़ा।

इस पूरे संग्रह में रेत और गँवईं गन्ध को केन्द्रीयता देकर कवि ने अपने इतिहासबोध और सांस्कृतिक चेतना के सबाल्टर्न व लोकपक्ष को मज़बूती से उजागर किया है। ये कविताएं काल के दायरे में रेत-राग को सुनने की क़ोशिश में लिखी गयी हैं। यह अपने आप में ही महत्त्वपूर्ण है कि रेत-राग को कवि महत्त्व देता है। रेत मतलब छूटा हुआ, वीरान, उपेक्षित, किनारे यानी हाशिये का राग। जिसका राग कोई नहीं सुनता, कवि सुनता है। समाज की मुख्यधारा की जगह किनारे पड़े समूहों को क़िस्से में लाना कलाकार द्वारा इतिहास को सही परिप्रेक्ष्य में मोड़ना है—

समुद्र को लेकर अनन्त क़िस्से हैं जगत् में
रेत को लेकर एक भी क़िस्सा नहीं है जीवन में
मसलन घर को ही लें
दीवारों के बहुत क़िस्से हैं
बालू को लेकर
कुछ भी नहीं!

—'क़िस्से'

रेत क्यों नहीं है क़िस्से में! कवि की यह छटपटाहट बहुत गहरे अर्थों में हाशिए के साथ खड़े होने की कोशिश है। आधुनिकता के ग्रैण्ड नैरेशन और बनारस के

शास्त्रवादियों के क्लासिक इतिहासबोध को तोड़कर कवि वंचितों-उपेक्षितों की तरफ़ से कहानी को नये सिरे से नैरेट करता है। यह हिरणों की नज़र से जंगल का इतिहास कहने की जीवन-दृष्टि है—

लोग कहते हैं
ऋषि अगस्त ने
एक दिन अचानक समुद्र को निगल लिया
असल में ऋषि ने समुद्र को निगला नहीं
अपने भीतर की रेत को उगल दिया था।
लोग यह बताते हैं कि हनुमान जी ने
समुद्र को लाँघ लिया था हँसी-हँसी में
मुझे लगता है हनुमान जी ने कुछ लाँघा-वाँघा नहीं
बस बैठे-बैठे अपने भीतर की रेत को उछाल दिया था
तबीयत से।

—'क़िस्से'

सभ्यता में जिनके योगदान को इतिहास द्वारा या तो दबा दिया गया या नजरअन्दाज़ किया गया, रेत की तरह रौंदी गयी उन अस्मिताओं को कवि श्रीप्रकाश शुक्ल इन कविताओं के माध्यम से अपनी सभ्यता-समीक्षा में मानवीय स्वप्न का कैनवस बना लेते हैं। उन्हें समुद्र और दीवार से नहीं, उस रौंदी गयी रेत से उम्मीद है। यहाँ रेत की प्रतिरोधी सम्भावना की खोज भी है और उसके प्रति भरोसा भी—

मैं लगातार देख रहा हूँ
कभी अपने पाँव को
तो कभी उस रेत को
जो एक कलाकार के चित्र में बैठी हुई थी

—'चित्रकारी में रेत'

रेत दोनों जगह एक ही है। पाँवों में भी और चित्रकारी में भी। एक जगह वह रौंदी गयी है और दूसरी जगह कलाकार ने अपनी इतिहास-दृष्टि और कल्पनाशीलता से उसे प्रतिरोध के गोलम्बर में तब्दील कर दिया है। यह है उस हाशिये की शक्ति और सम्भावना। बस उसे सिरजने वाले हाथ चाहिए। एक साफ़ नेतृत्व। यूँ यह संग्रह आधुनिक सभ्यता में कवि और कलाकार की बढ़ती ज़रूरत और भूमिका को बड़े गहरे रंगों में रचता है। इसमें 'रेत में कलाकार' और 'नियति' जैसी कविताएँ सीधे

इसी विषय पर हैं। यह भी उल्लेखनीय है कि इस संग्रह में रेत अपनी केन्द्रीयता के बावजूद नदी से बिलग नहीं है। उसका पूरा स्वरूप नदी के 'कंटेक्स्ट' में है। नदी यहाँ काल की गति भी है और संस्कृति का प्रवाह भी। रेत और नदी का अद्वैत पूरे संग्रह में अटूट है। यूँ श्रीप्रकाश शुक्ल बिना विमर्शवादी आग्रहों के भी हाशिये की आवाज़ उठा पाते हैं और अपने लेखन में एक सांस्कृतिक सहजीवन का स्वप्न बुनते चलते हैं।

इस संग्रह की कविताओं में श्रीप्रकाश शुक्ल बारम्बार रेत (वंचित) अस्मिता से ख़ुद की अस्मिता को एकाकार कर लेते हैं। 'नियति' और 'रेत नाव' जैसी कविताओं में यह समीकरण प्राप्य है। यूँ यह सभ्यता और इतिहास में जितना उपेक्षितों की खोज है, उतना ही आत्म-उत्खनन भी। ख़ुद से ख़ुद की लड़ाई। एक अपराजेय आत्मसंघर्ष। अगस्त्य और हनुमान के भीतर की रेत के बहाने कवि अपने भीतर की रेत को भी उगलता और उछालता है, जिससे ख़ुद के भीतर बंजरता कहीं आसपास न फटके। श्रीप्रकाश शुक्ल किसी व्यक्ति की बंजरता के ख़ास ख़िलाफ़ होते हैं, लगभग घृणा। साक्षात् मृत्यु। इस मामले में श्रीप्रकाश शुक्ल का आत्मसंघर्ष कुछ वैसा ही है जैसे 'स्नेह निर्झर बह गया है' में निराला अपनी बंजरता के ख़िलाफ़ संघर्षरत थे। बस अलग यह है कि निराला रेत का प्रयोग निरर्थकता के रूपक में करते हैं लेकिन श्रीप्रकाश शुक्ल रेत को ही जीवनी शक्ति बना लेते हैं। एक ऐसे समय में जब सत्ताएं चाहती हैं कि जनता या तो 'ओबीडियंट सोसायटी' (भक्त समाज) में बदल जाये या जन-रेगिस्तान में। एक प्रतिरोध-विहीन समाज की रचना में रत सत्ता का जवाब श्रीप्रकाश शुक्ल रेत से अपने भीतर की रेत को मिलाकर तैयार करते हैं, जिसे वे 'रेत में रेत का अंकुरण' (अंकुरण कविता में) कहते हैं। एक मानवीय उर्वरता और सृजन की संस्कृति का स्वप्न—

मेरे पास एक नाव है
इस पर कुछ जंगल लदे हैं
कुछ आसमान
कुछ अँधेरा लदा है
कुछ रोशनी
कुछ अतीत लदा है
कुछ व्यतीत
इस पर बैठा हुआ मैं

अपनी कुहनियों से इसे खे रहा हूँ
जितना ही खेता हूँ इसे
उतना ही खोता हूँ इसकी तरंग को पाने के लिए
अपना अन्तरंग!

'रेत-नाव' का रूपक मानीख़ेज़ है। कामायनी के मनु की तरह श्रीप्रकाश शुक्ल के पास भी एक नाव है जिसमें दुनिया को उसके नैसर्गिक रूप में बचा लेने की सामग्री लदी है। नाव तमाम विपदा-विप्लव और दु:ख के सागर से पार लगाने वाले यंत्र का रूपक है। श्रीप्रकाश शुक्ल ने रेत को ही पार लगाने वाली नाव के रूपक में बदलकर सभ्यता में रेत (हाशिये) के ऐतिहासिक योगदान को रेखांकित करती इतिहास-दृष्टि रच दी है और इसे कुहनियों से खेने का बिम्ब तो बेहद दिलचस्प व टटका है। कुहनियों से नाव खेना ज़िन्दगी जीने में कठिन संघर्ष व जद्दोजहद का लोक-मुहावरा है। इस आत्मसंघर्ष की प्रक्रिया में ही अपने अन्तरंग को खोना पड़ता है यानी अपने भीतर की बद्धमूल जड़ता और बंजरता से मुक्ति की यही प्रक्रिया है जिसका अनुभव कबीर से लेकर निराला, अज्ञेय और मुक्तिबोध तक ने अपने ढंग से किया। यहाँ श्रीप्रकाश शुक्ल भी मानते हैं कि अपने अंतरंग को खोये बग़ैर रेत की तरंग यानी उसकी रचनात्मक सम्भावनाओं और सभ्यतागत उल्लास को अर्जित नहीं किया जा सकता। श्रीप्रकाश शुक्ल अपनी कविताओं में और पुलिया प्रसंग के अपने संवादों में बारम्बार युवा पीढ़ी को यह सन्देश देते हैं कि दूसरों (Others) का स्वीकार और अहम् का विसर्जन परम्परा ग्रहण और रचनाशीलता की बुनियादी शर्त है। मनुष्यता की तो है ही—

रेत होना नम होना है
नम होना
अंकुरित होना है
अपनी शुष्कता के ख़िलाफ़

—'रेत पसीना'

इस पूरे संग्रह को बनारस-बोध के बग़ैर पढ़ा नहीं जा सकता। वैसे तो बनारस केंद्रित कविताओं का लम्बा इतिहास है। हिन्दी और दूसरी भारतीय भाषाओं में बनारस केन्द्रित कविताएँ और साहित्य मौजूद हैं लेकिन हिन्दी में बनारस केन्द्रित कविताओं का स्वर भारतेन्दु के 'देखी तुम्हरी काशी' से लेकर केदारनाथ सिंह की 'बनारस' कविता तक प्राय: 'क्रिटिकल' ही रहा है। यह हिन्दी का तेवर है।

श्रीप्रकाश शुक्ल इसी परम्परा के कवि हैं। काशी के प्रति एक 'क्रिटिकल एप्रोच' मुसलसल उनकी कविताओं में मौजूद है। इस संग्रह में भी वे 'रेत में अरमान' शीर्षक कविता में बनारस को 'बहुरूपिया शहर' कहते हैं और 'बसन्त' कविता में तो रेत प्रेयसी अपने बसन्त पाहुन को बनारस के शहरी हिस्से की तरफ़ जाने से यह कहकर बरजती है—

कहाँ जा रहे हो उधर की ठाँव
शहर-शहराँव
बरवक़्त जहाँ रहता है
काँव-काँव!

बनारस शहर और रेत इस कविता में बिल्कुल आमने-सामने हैं। शहर को बड़ी उपेक्षा से 'शहराँव' कहा गया है। शहराँव में एक नक़लीपन की गूँज है, खाँटी चीज़ तो इधर है— 'रेत। रेत यहाँ शहर का विकल्प या कहें प्रतिशहर भी है। बनारस शहर गंगा का एक पाट है तो गंगा का दूसरा पाट रेत है, जिसके पार फिर गाँव शुरू होते हैं। शहर के काँव-काँव, आपाधापी, गला-काट लाभ-लोभ, अमानवीय स्थितियों और अशान्ति आदि के प्रतिपाठ की तरह रेत अपनी शान्ति, शीतलता, विस्तार, खुलेपन और ताज़गी के साथ खुलती है। श्रीप्रकाश शुक्ल के यहाँ सौन्दर्यबोध का यह गुणात्मक विस्थापन उनके लोकोन्मुख इतिहासबोध और दार्शनिक समझ के कारण सम्भव हो पाया है। यह संग्रह अपने दार्शनिक पुट के लिए अलग से रेखांकित किया जाना चाहिए। जब समकालीन हिन्दी कविता ज़्यादातर राजनीतिक और इतिहास-केन्द्रित हो गयी और छायावाद के बाद हिन्दी कविता ने अधिकतर दर्शन और संस्कृति का दामन छोड़ दिया; तब श्रीप्रकाश शुक्ल का यह संग्रह कविता में जिस तरह लोक-संस्कृति और दर्शन को शामिल करता है वह मानीख़ेज़ है।

बानगी के तौर पर, लोक-संस्कृति और दर्शन को 'करुणा' और 'नाव' कविता में बड़ी सुरुचि और बारीकी से पिरोया गया है। दिलचस्प है कि इन दोनों कविताओं में रेत को नदी का अफ़सोस कहा गया है—

नदी किनारे
एक अफ़सोस-सी फैली है रेत

—'करुणा'

देखते नहीं कितने बेबस आँसुओं को छिपाए है

रेत
एक अफ़सोस जैसे फैले
अपने विस्तार में

—'नाव'

ज़ाहिर है, अफ़सोस में बिछड़न की एक गहरी पीड़ा है। नदी रेत को छोड़ना नहीं चाहती। लेकर बहना चाहती है। पर ज़िन्दगी में सब कुछ को लेकर नहीं बहा जा सकता। कुछ वेदना, कुछ चाहतें, कुछ दुःख, कुछ रिश्ते और कुछ आत्मीयताओं को छोड़कर बड़े अफ़सोस के साथ आगे बहना ही तो ज़िन्दगी है। नदी की बहुत-सी बेबसियाँ हैं, बिरह हैं, मिलन हैं, बहुत-सी कहानियाँ हैं जिन्हें शायद भूलाना भी मुमकिन नहीं और साथ ले जाना भी मुनासिब नहीं। 'कितने बेबस आँसुओं को छिपाये है रेत' में बड़े काव्यात्मक ढंग से सभ्यता के विकास और परम्परा के नैरन्तर्य का इतिहासबोध और जीवन-दर्शन अनुस्यूत है। सब कुछ को ढोना तो नास्टेल्जिया है, पुनरुत्थान है। इसी 'नाव' कविता की नन्हीं-सी पहली बन्दिश में नाव और हमारी गतिकी के वैपरीत्य के द्वारा श्रीप्रकाश शुक्ल ने अपने दर्शन और भूगोलबोध को बड़ी ख़ूबसूरती से टाँका है—

नाव चलती है
हम ठहर जाते हैं
इस पार
नाव ठहरती है
हम चलने लगते हैं
उस पार!

—'नाव'

नाव की गति के सापेक्ष हमारा ठहराव और नाव के ठहराव के सापेक्ष हमारी गति का पूरा सन्तुलन 'इस पार' (बनारस शहर) और 'उस पार' (गंगा पार रेत) के भूगोल (स्पेस) से तय होता है। इस पार मतलब शहर-शहराँव और उस पार मतलब उन्मुक्त विस्तृत रेत और प्रकृति। एक रचनात्मक माहौल। एक तरफ़ शहर की आपाधापी, भीषण गति, पूँजीवादी सभ्यता की कृत्रिमता और यान्त्रिकता में मानवीय जिन्दगी ठहर-सी गयी है। दूसरी तरफ़ एक प्राकृतिक खुलापन है। मनुष्यता के लिए आकाश और अवकाश दोनों। रेत पर मानवीय हरकत हो रही है। मूर्तिकारों की, कला की एक सांस्कृतिक गतिविधि। इसीलिए शहर की तरफ़ नाव

तो चलने लगती है लेकिन हम ठहर जाते हैं और रेत की तरफ़ नाव ठहर जाती है लेकिन हम यानी ज़िन्दगी चलने लगती है। श्रीप्रकाश शुक्ल की ये कविताएँ अपने इतिहासबोध और दर्शन में लोकभाषा और संस्कृति का पक्ष चुनती हैं। मानवीय रचनाशीलता का पक्ष। एक बेजोड़ रचनात्मक जिजीविषा का पक्ष। 'शहर शहराँव' की लिजलिजी चिकनाई के बरक्स गँवई गन्ध की कड़कती अकड़, सचाई और स्वाभिमान का पक्ष—

रेत
जीवन की हर नाउम्मीदी के ख़िलाफ़
एक सम्भावना है
जितना ही कुरेदो इसको
कड़कती है रेत
जितना ही धँसाओ इसमें
धधकती है रेत
जितना ही जलाओ इसको
गँवईं गन्ध की तरह
अकड़ती है रेत।

— 'गँवई गन्ध'

जीवन की हर नाउम्मीदी के ख़िलाफ़ खड़ी रेत को श्रीप्रकाश शुक्ल ने इस संग्रह की दूसरी तमाम कविताओं में बचपन, मनुष्यता और मानवीय स्वप्न से जोड़ा है—

बच्चे लगातार पकड़ते हैं इस रेत को
जैसे सपनों में जीवन पकड़ रहे हों
क्योंकि सपनों में होना
जीवन होना है

— 'रेत में अरमान'

'सपने' कविता छोटे-छोटे दो टुकड़ों में रची गयी है और मानवीय स्वप्न तथा अमानवीय यथार्थ की गझिन टक्कर से झंकृत हो उठी है। बनारस, ग़ाज़ियाबाद और दिल्ली इस कविता में पूँजीवादी सभ्यता के चरणों की तरह उभरते हैं। इस संग्रह में ऐसी बहुत कम कविताएँ हैं जो सीधे सामयिक विषयों को स्पर्श करती हों! धार्मिक कट्टरवाद, निठारी कांड के ख़ून के धब्बों और सद्दाम हुसैन पर अमेरिका की

बमबारी का सन्दर्भ महज़ संग्रह की पहली और अन्तिम कविता 'रेत में आकृतियाँ' तथा 'आज़ादी' में और इस 'सपने' कविता में आता है। संग्रह की उक्त पहली कविता में सपनों का रंग 'लगभग नीला रंग' है। आकाश का रंग। स्वातंत्र्य का रंग—

काशी के कलाकारों ने अपनी आकृतियों में
एक रंग भरने की कोशिश की थी
लगभग नीला रंग!
इस रंग में छाहीं से लेकर निठारी तक का ढंग था
अस्सी से लेकर मणिकर्णिका तक की चाल थी

— 'रेत में आकृतियाँ'

इस संग्रह के बारे में यह रोचक बात है कि प्रेम और पर्यावरणबोध तासीर की तरह लगभग सभी कविताओं में छलछलाता है। प्रेम तो इस संग्रह की कविताओं का स्थायी भाव है और यह भी कि इसमें रेत के साथ जितनी नदी आयी है, उतना ही समुद्र भी आता है। जिस तरफ़ कम ध्यान जाता है। नदी की रेत में जहाँ कवि की स्थानीयता तथा बनारस और गांगेय अंचल हैं, वहीं समुद्र की रेत में निश्चित रूप से श्रीप्रकाश शुक्ल की यात्राएँ बोलती हैं। यूँ नदी से समुद्र तक फैली रेत में श्रीप्रकाश शुक्ल का देस और परदेस दोनों मुखर होता है। हालाँकि उन्होंने अपना यात्रा-वृत्तान्त 'देस देस परदेस' बहुत बाद में लिखा। 'रेत में आकृतियाँ' की कविताओं से लगभग एक दशक बाद। लेकिन उनकी कविताओं में इस यात्रा-वृत्तान्त के पग-चिह्न पढ़े जा सकते हैं। 'रेत रूप', 'गीली रेत', 'अटा पड़ा समुद्र', 'क़िस्से', 'पाँव', 'रेत पसीना' और 'पाँव में उलझा हुआ समुद्र' जैसी कविताएँ समुद्र रेत पर केन्द्रित हैं।

इन कविताओं में मौजूद प्रेमतत्त्व पर बात किये बग़ैर बात अधूरी रह जायेगी। यूँ श्रीप्रकाश शुक्ल ने प्रेम पर बहुत कम कविताएँ लिखी हैं। लिखीं भी तो गार्हस्थिक प्रेम की कविताएँ ही अधिक लिखी हैं। कच्ची जवानी के प्रेम की कविताएँ तो इसी संग्रह में आती हैं। एक दैहिक ऊष्मा, गन्ध और खुलेपन के साथ। हालाँकि प्रेम के आलम्बन प्राकृतिक उपादान ही हैं, लेकिन इनके 'इंगेजमेंट' में गहरी मानवीय गतिविधियाँ उभरी हैं। चुम्बन, आलिंगन और स्पर्श। कई जगहों पर 'डीप इमोशनल लव'। जैसे 'रेत की माँ' जैसी कविता—

नदी चुपचाप सोई हुई थी
और रेत हुँमच-हुँमचकर दूध पी रही थी
रेत लगातार मोटी होती जा रही थी

जबकि नदी दुबली
और दुबली होती नदी
यह देखकर प्रसन्न थी कि लोग उसे माँ कहते हैं।

— 'रेत की माँ'

नदी और रेत के बीच यह वत्सल-भाव मोहक है। लेटकर चुपचाप दूध पिलाती नदी-माँ का चित्र और भी मोहक। यहाँ चित्रकला और कविता आपस में घुल-मिल गयी हैं। इससे भी रोचक है रेत का हुँमच-हुँमच कर दूध पीने का बिम्ब। यह ठेठ लोक का बिम्ब है। यह गाय-भैंस के बड़े होते बछड़े या पाड़े द्वारा थन से दूध पीने का बिम्ब है। बहुत छोटे बछड़े हुँमच-हुँमचकर दूध नहीं पी पाते। थोड़ा बड़े होने पर ये माँ के थन में तेज़ झटके (खोंटका मारकर) देकर दूध पीते हैं। श्रीप्रकाश शुक्ल बनारस में सीरगोवर्धन के जिस इलाक़े में रहते हैं, वह अहीरों की बहुत बड़ी बस्ती है। दरअसल यह बिम्ब पशुपालक समाज और बनारसी लोक के सामीप्य और संस्कार से उपजा है। उनके अन्य संग्रह की कविता 'भैंस' और उस कविता में सड़क के बीचो-बीच भैंस के मड़िया मारने का दृश्य इसी बनारसी लोक की उत्पत्ति है। प्रेम-केन्द्रित दूसरी महत्त्वपूर्ण कविताओं में 'अंकुरण', 'खुली रेत', 'दर्पण', 'धूप', 'बसंत' और 'ऐश्वर्य' प्रमुख हैं। यहाँ 'धूप' और 'बसन्त' कविता लोक में मौजूद प्रीति के रिश्तों को बड़े गाढ़े रंगों में रचती हैं—

सूरज नभ पर
हाँफ रहा है आशा करकर
लौटेगी उसकी यह आभा
भर-भर रेत
नदी के तट पर

पर कैसे लौटेगी
छोड़ उम्र भर
अभी-अभी तो आयी है
धूप कहाँ भेंटी
रेती को

जी भर!

— 'धूप'

नभ पर 'हाँफते सूरज' का बिंब दरअसल दर्शाता है कि सूरज शिशिर का है और बेला ढलती दोपहर की। सूरज दिन भर चलकर थक गया है। इसी तरह के सूरज के लिए सेनापति ने लिखा था कि "सिसिर में ससि को सरूप पाँवैं सविताऊ/ धामहूँ में चाँदनी की दुति दमकति है।" यहाँ धूप और रेत के आत्मीय आलिंगन को चित्रित किया गया है। केदारनाथ अग्रवाल की मैके में आयी बेटी याद आती है— "धूप चमकती है आँगन में/मैके आई बेटी की तरह मगन है।" यहाँ कविता में धूप और रेती दोनों स्त्रीवाची प्रयोग हैं। मानो यह दो बहनों या सखियों की बहुत दिनों बाद की भेंट का दृश्य हो! ससुराल से अरसे बाद लौटी धूप मायके में रेती से लिपट गयी हो! इसी तरह का प्रेम 'बसन्त' कविता में प्रेयसी रेत पाहुन बसन्त को करती है—

कहाँ भगे जा रहे हो पाहुन
आश है कि धरे-धरे
कह रही है रेत।

रेत है कि चूमती है पाँव
चाँदनी जैसे झुरमुट से गाँव
छोड़ मत जाना मीत
बस एक बार
एक बार उतर आओ
मेरी प्रीत
बौर रीत!

— 'बसन्त'

बसन्त को पाहुन कहती रेत बड़ी रसीली लगती है। पाहुन भोजपुरी का शब्द है। जो गाँवों में नयी ब्याहता लड़कियों के पति के लिए लड़की और पूरे गाँव द्वारा प्रयुक्त होता है। पाहुन एक प्रेमिल श्रृंगार से सराबोर सम्बोधन है। रेत और बसंत का रिश्ता नायिका-नायक का है। यह कविता भी मूलतः प्रेम कविता ही है, प्रकृति के आलम्बनों में मानवीय प्रेम की कविता। प्रेम और नया-नया प्रेम इस संग्रह की कविताओं का प्राण-तत्त्व है। यह प्रेम कविता उत्तरोत्तर सामाजिक होती चली जाती है। कविता उठान तो लेती है बसन्त और रेत के प्रेमालाप से लेकिन शहर के काँव-काँव की ओर से बसंत को प्रेयसी रेत जिस तरह बरजती है, उससे कविता के केन्द्र में गाँव और शहर की विसंगतियों और सांस्कृतिक विडम्बनाओं को ला

खड़ा करती है।

इस संग्रह में उन्मुक्त प्रेम की कविताओं के तौर पर अंकुरण और दर्पण जैसी कविताओं को लिया जा सकता है जिनमें दैहिक क्रियाएँ भी आ गयी हैं, लेकिन बड़े कलात्मक सधाव के साथ। जैसे निराला की प्रणय कविताओं 'जुही की कली' आदि में। ये कविताएँ इसलिए भी विशिष्ट हैं क्योंकि इस अन्दाज़ की कविताएँ श्रीप्रकाश शुक्ल ने दूसरी जगहों पर नहीं लिखी हैं—

तुम्हारे रोवों का उठाना
रेत भर का प्रेम होना
फिर चटखना
अँगुलियों के मानिन्द
दौड़ पड़ना
धमनियों में

—'अंकुरण'

प्रेमिल अँगड़ाइयों में कसमसाते नायिका के बदन को महसूस कर नायक का हृदय प्रेम से पुकारता है। स्थूल से सूक्ष्म में समाता हुआ अद्‌भुत प्रेम-वर्णन। देहवाद को लगभग स्पर्श करता हुआ। सच्चे स्नेह में अंततः पर्यवसित। यह सन्तुलन एक मजा हुआ कवि ही साध सकता है। जायसी याद आते 'पद्‌मावत' के सौन्दर्य-चित्रण और प्रेमानुभूतियों का वर्णन कुछ इसी तरह लौकिक ज़मीन से उठान लेता है और जाकर समाता है इश्क़ हक़ीक़ी की रूहानी मोहब्बत में। यह रेत का नया चरित्र गढ़ती कविता है। रेत की प्रसवधर्मिता की कविता। लोक-मुहावरे में बालू से तेल निकालना रेत की नीरसता और अनुर्वरता का अर्थ देता है। इस तरह कई बार कवि शास्त्र से ही नहीं लोक से भी भिड़ जाता है और नये मूल्यबोध से उसकी भाषा को माँजता है। 'दर्पण' कविता में सयानी होती नदी का छरहरापन और उसकी इठलाती अदाएँ जहाँ उसे एक ख़ूबसूरत नायिका के रूप में प्रस्तुत करती हैं, वहीं उसकी विडम्बना को भी ज़ाहिर करती हैं। यह विडम्बना पैदा होती है आधुनिकता की कोख से। औद्योगिकीकरण और बाज़ारवादी सरोकारों ने दिल्ली जैसे महानगरों में यमुना आदि नदियों का जो हश्र किया है, उससे आधुनिक होती नदी धीरे धीरे/ ठहर सी-गयी है।

इस संग्रह की तमाम कविताओं में नदी के पतले दुबले होने की चिन्ता मौजूद है। यह जितना सौन्दर्यबोध का मसला है; उतना ही नदियों के प्रदूषण और

पर्यावरणीय संकट का भी। यह संग्रह अपनी कविताओं में पर्यावरण के घनघोर संकट को प्रायः सीधे नहीं कहता। लेकिन जगह-जगह नदी और उसकी पूरी पारिस्थितिकी के बिगड़ते समीकरणों की गहरी चिंता यहाँ मौजूद है। इस संग्रह में नदी और रेत समानांतर भी हैं और कई जगहों पर समरूप भी। कहीं रेत नदी की चिट्ठी है तो कहीं नदी का दर्पण। इस तरह नदी और रेत के बेहद कारुणिक और मानवीय रिश्तों के बीच कवि उनके पारिस्थितिकीय रिश्ते को भी 'रिफ़्लेक्ट' करता चलता है—

पानी के भाप होने के विरुद्ध
रेत
नदी की एक सार्थक उपस्थिति है
यह तब भी होगी
जब नदी नहीं होगी
नदी के अस्तित्व के ख़िलाफ़
हर साज़िश का पर्दाफ़ाश करती

जब तक रेत है
नदी है
नदी के पक्ष में
एक आर्द्र चितवन की तरह।

—'आर्द्र चितवन'

आख़िर में बात इन कविताओं के शिल्प और भाषा की। यह बात इसलिए भी ज़रूरी है क्योंकि श्रीप्रकाश शुक्ल बनारस अंचल के ऐसे कवियों में से हैं जिन्होंने हिन्दी भाषा को लोक-बोलियों के तमाम ऐसे शब्दों से पुनः समृद्ध किया है जो लगभग हमारी भाषा से बाहर हो गये थे। अपनी कविता के माध्यम से श्रीप्रकाश शुक्ल जनपदीय संस्कृति और उसकी शब्द-सम्पदा को हिन्दी समाज को पुनर्हस्तान्तरित करते हैं। इस बात की तस्दीक़ 'बोली बात' (श्रीप्रकाश शुक्ल का तीसरा काव्य-संग्रह) के ब्लर्ब में सुप्रसिद्ध कवि केदारनाथ सिंह ने भी की है—"...पर एक अच्छी बात यह है कि इसी के चलते यहाँ अनेक नये देशज शब्द ऐसे मिलेंगे जिन्हें पहली बार कविता की दुनिया की नागरिकता दी गयी है।" 'रेत में आकृतियाँ' की कविताएँ भी इसका अपवाद नहीं हैं। श्रीप्रकाश शुक्ल ने प्रचलित क्रियाओं, विशेषणों और संज्ञा शब्दों में तो प्रयोग किये ही, लोक से ऐसे नये शब्द

लेकर गढ़े भी। जैसे इसी संग्रह में 'देवता' कविता में लोकभाषा के काइयाँ शब्द से 'कुच काइयाँ' शब्द बनाया है। जिसका अर्थ असामाजिक तत्वों से है। उनकी भाषा में अक्सर ऐसे कनफुँकवे, लोचर और लपर-झपर निशाने पर रहते हैं। इसी तरह 'खुली रेत' कविता में 'आभ तकती' का प्रयोग। आभा से 'आभ' और ताकना से 'तकती'। एक संस्कृत का शब्द दूसरा भोजपुरी का। इस तरह शास्त्र और लोक एकदम साथ-साथ। 'बसन्त' कविता में बड़ा कलात्मक प्रयोग है—'मेरी प्रीत/ बौर रीत!'। यहाँ 'बौर रीत' सर्वथा ताज़ा काव्य प्रयोग है। यौवन की नैसर्गिक अभिव्यक्ति। यहाँ लोक और प्रकृति को शास्त्र में घुसा दिया गया है; साथ ही प्रीति और रीति जैसे तत्सम शब्दों को 'प्रीत' और 'रीत' के तद्भव फ़ार्म में प्रयोग कर 'बौर' के साथ ज़बरदस्त संगति की गयी है। इसी कविता में 'शहराँव' का प्रयोग बेहद 'क्रिटिव' है। शहर के प्रति एक झिड़क, एक उपेक्षा, महज़ एक 'आंव' प्रत्यय से व्यक्त कर ली गयी है।

श्रीप्रकाश शुक्ल की काव्यभाषा में 'भर' जैसा अतिसंक्षिप्त विशेषण बहुत प्रचुरता से प्रयुक्त है, लगभग उनकी काव्यभाषा की पहचान बनता हुआ। मैं इसे श्रीप्रकाश शुक्ल की काव्यभाषा का निजी विशेषण कहना चाहता हूँ। जैसे रूप रेत भर, धूप खेत भर, रक्त भर की गर्मी, भर-भर रेत, को हरा, को भरा; जैसे ढेरों प्रयोग। इसके अलावा इस संग्रह की 'रेत पसीना' कविता में लोकभाषा से उठाया गया बड़ा रोचक विशेषण प्रयोग किया गया है—'पतनार रेत'। पतनार पानी की तरह पतले के अर्थ में आता है। पतनार रेत यानी पानी में घुली हुई बहुत बारीक रेत। इस कविता में पानी से 'पतनार' के वजन पर रेत से 'रतनार' शब्द की रचना कवि की लोकशक्ति का ही परिचय देती है। यह रीतिकाल के कवि रसलीन के 'अमिय हलाहल' वाले दोहे के 'सेत, स्याम, रतनार' से एकदम भिन्न है। क्रियाओं में तो बहुत तोड़-फोड़ श्रीप्रकाश शुक्ल ने की है। जिसकी प्रयोगशाला वैसे तो उनका तीसरा संग्रह 'बोली बात' है, लेकिन इस संग्रह में भी उन्होंने लोकभाषा के साँचे में कुछ क्रियाओं की ढलाई की है; जैसे—भहराना, हिराना, अगोरना, लेवन-मूँदन, छोपना, धसकना, हटकना, बटुरना, चटकत जात, बरबराना, पछियात, सुस्ताना और धधाना आदि। 'नदी आत्मा' कविता में श्रीप्रकाश जी ने 'ऊपर' शब्द में 'आई' प्रत्यय लगाकर 'उपराई हुई रेत' जैसा बड़ा ख़ूबसूरत क्रिया प्रयोग किया है। इस कविता-संग्रह में सेत-मेत, गते-गते (धीरे-धीरे के अर्थ में), के-के (कौन-कौन के अर्थ में), आन्हर, दूबर आदि विशेषण लोकभाषाओं से उठाये गये हैं। 'पाहुन' और 'पाहुर' जैसी संज्ञाओं का प्रयोग भाषा को लोक-संस्कृति के रस से भर देने के लिए काफी है।

श्रीप्रकाश शुक्ल ने लोकभाषा के शब्दों के अतिरिक्त अपनी कविताओं में लोक धुनों का भी ख़ूब प्रयोग किया है। इधर उनके नये काव्य-संग्रह 'वाया नयी सदी' की प्रसिद्ध कविता 'कोयलिया जल्दी कूको ना' अपनी लयात्मकता और लोकधुन के लिए बहुत चर्चा में रही है, लेकिन श्रीप्रकाश शुक्ल ने अपने दूसरे संग्रहों में ऐसी बहुत कम या नहीं के बराबर कविताएँ लिखी हैं। 'रेत में आकृतियाँ' अकेला ऐसा संग्रह है जिसकी ज़्यादातर कविताएँ लोकधुनों पर आधारित हैं। इनमें 'रेत में लखटकिया', 'सपने', 'खुली रेत' और 'धूप' आदि कविताएं प्रमुख हैं। इस संग्रह की कथात्मक़ता के क्षरण और दृश्य-विधान के भरण पर ऊपर बात की जा चुकी है। यहाँ इतना कहना रह गया है कि वक्रोक्ति और अनुप्रास श्रीप्रकाश शुक्ल के शिल्प और काव्यभाषा की ताक़त हैं।

एक महत्त्वपूर्ण बात यह भी है कि यह संग्रह न तो कलावादी काव्य-संग्रह है न ही प्रतीक-काव्य। कला विषयक होना और कलावादी होने में अन्तर है। यहाँ रेत और नदी दोनों किसी रूढ़िवादी प्रतीक व्यवस्था का पालन नहीं करते। रेत केन्द्र में है, नायिका की भूमिका में। और नदी उसके पार्श्व में है; और दोनों किसी ख़ास अर्थ में सिमटने से इनकार करते हैं। पूरे संग्रह में रेत और नदी 'पल-पल परिवर्तित प्रकृति वेश' की तरह अपने अर्थ की केंचुली बदलते हैं नयी चमक, मसृणता और रंग के साथ। इसी प्रकार नयी चमक और नये रंग-ढंग के साथ श्रीप्रकाश शुक्ल का यह काव्य-संग्रह 'रेत में आकृतियाँ' आपके हाथ में आ रहा है, वाणी प्रकाशन समूह से; अर्थ की नयी वाणी, नयी गूँज-अनुगूँज के साथ। इसका स्वागत है! मेरे लिखे से इन कविताओं के आस्वादन में यदि कोई गुणात्मक फ़र्क़ पड़ता है तो मुझे आश्वस्ति होगी।

—विंध्याचल यादव

असिस्टेंट प्रोफ़ेसर

हिन्दी विभाग

काशी हिन्दू विश्वविद्यालय वाराणसी

अनुक्रम

रेत में आकृतियाँ

गंगापार
छाटपार
आकाश में सरकता सूरज
जिस समय गंगा के ठीक वक्ष पर चमक रहा था
बालू को बाँधने की हरकत में
कलाकारों का अनन्त आकाश
धरती पर उतरने की कोशिश कर रहा था

धरती
जिस पर आकाश से गिराए गये बमों की गूँज थी
जहाँ अभी-अभी सद्दाम को फाँसी दी गयी थी
जहाँ निठारी कांड से निकलने वाले मासूम खून के धब्बे
अभी सूखे भी नहीं थे

काशी के कलाकारों ने अपनी आकृतियों में
एक रंग भरने की कोशिश की थी
लगभग नीला रंग!

इस रंग में छाहीं से लेकर निठारी तक का ढंग था
अस्सी से लेकर मणिकर्णिका तक की चाल थी
सीवर से लेकर सीवन तक का प्रवाह था
मेढक से लेकर मगरमच्छ तक की आवाजाही थी

यहाँ रेत में उभरी आकृतियों के बीच
हर कोई ढूँढ़ रहा था अपनी आकृति
और हर कोई भागता था अपनी ही आकृति से!

यहाँ सब कुछ था
और सब कुछ के बावजूद बहुत कुछ ऐसा था
जो वहाँ नहीं था
जिसे कलाकारों की आँखों में देखा जा सकता था

आँखें जो नदी के तल जैसी गहरी और उदास थीं
जिसमें गंगोत्री से लेकर गंगासागर तक का विस्तार था
जहाँ स्वर्ग की इच्छा से अधिक नरक की मर्यादा थी।

यह मकर संक्राति के बिल्कुल पास का समय था
जहाँ यह पार उदास था
तो वह पार गुलज़ार

इस पार सन्नाटा था
उस पार शोर!

आज इस सन्नाटे में एक संवाद था
लगभग मद्धिम कूचियों में सरकता हुआ संवाद
जिसमें बार बार विश्वास हो रहा था
कि जब कभी उदासी के गहन अन्धकार के बीच
बाहर निकलने की बात उठेगी—
जो कि उठेगी ही
बहुत याद आएँगे ये कलाकार
काशी कैनवस के ये कलाकार
गंगापार!
छाटपार!

खुली रेत

खुली छाती
खुला मन
खुला तन
मोहे मोह री!

अलस नायिका सोय री
अपने वसन का खोल बिस्तर
रोम छिद्रों से सरलता
की सुगन्ध बिखेर री
मोहे मोह री!

अपने मगन में
गगन लगन को
रात के गुजरे पलों–सी
चूम री
मोहे मोह री!

खेलती उसकी छरहरी पेट पर
हेम ऋतु की धूप कोमल
ताल देते कीर कुन्दक
मगन मृग
अब जल विमल को
तलाश री
मोहे मोह री!

अब उठी
तब उठी
उठ गयी
उठ ही गयी
सूर्य की आभा चमकती
आभ तकती
चाँदनी वह
विदा देते कह गयी कुछ
छूछ री
मोहे मोह री!

करुणा

नदी किनारे
एक अफ़सोस-सी फैली है रेत

क्रोध लहरों के रूप में तैरता है नदी में
और थोड़ी विश्रान्ति की इच्छा से
नदी में करुणा उतर आती है

यह जो रेत है
असल में रेत नहीं है
नदी की करुणा है
जिसे नदी ने पुरखों के लिए छोड़ रखा है
अपने आँचल में।

धूप

रूप रेत भर
धूप खेत भर
फैल गयी है चादर ताने
तट पर

सूरज नभ पर
हाँफ रहा है आशा करकर
लौटेगी उसकी यह आभा
भर-भर रेत
नदी के तट पर

पर कैसे लौटेगी
छोड़ उम्र भर
अभी-अभी तो आयी है
धूप कहाँ भेंटी
रेती को

जी भर!

पाथेय

आओ
बैठो
साथ पिया

बालू के कण हैं अपने ही।

नहीं यहाँ दुनिया का चक्कर
पलकों में पग धर आओ री
यह है रेत नदी बन भीतर
शीतलता-सी उतरो री!

तट है सूना-सूना-सा
लहरों में अब उतराओ भी
जिन हलचल को अब तक बाँधे
खोल उन्हें, इतराओ भी!

इतना उमड़ो, इतना घुमड़ो
यह तट उभरे बन साक्षीजी
विरह का मारा जब भी गुजरे
पाये पाथेय, सँभाले जी!

रेत में कलाकार

बालू के कण साथ ले चलो, उड़ जा हारिल की नाईं
सुबह हुई अब सपने छूटे, उठ जा हरकारे की ठाईं।

ठोक-पीटकर आकृति दे दो, बाँधो नदी नाव की खाईं
जग जीतो सब लहरें गिन लो कर लो तट को वश में साईं।

तेरे हाथों में है ताकत, बढ़ो सृजन पथ माथ न दो
तेरी मुटठी में दुनिया है, बाँधो हाथ विराम न दो।

बालू गंगा का स्वरूप है गंगा क्या इतनी-सी, पर है
बालू बालू में प्रवाह को किसने धारा दी, जी भर है!

लोग रहेंगे आते-जाते तन-भर तुझको देखेंगे
उठते-गिरते जो सँभलेंगे मन-भर तुमको भेंटेंगे।

इस या उस की बात नहीं है हर आकृति में तेरा बल है
जो दुनिया से चलकर जाता तेरी नजरों की हलचल है।

नदी

यह एक सुबह की बात है
मैं अलस्सुबह गंगा की ओर निकल पड़ा
जहाँ देर रात से सोयी नदी
सुबह में देर तक सो रही थी

यह नदी थी
नदी भी क्या नदी थी
जो थी भी
कुछ नहीं थी
सिर्फ रेत थी
जिसमें कटे हुए गेहूँ की बालियों की तरह
सूखे हुए खेत चमक रह थे

यहाँ रेत में बहती नदी थी
जहाँ बहती हुई नदी
लगातार रेत हो रही थी

मैं एक-एक रेत को निहार रहा था
एक-एक कण में सभ्यता की नींव को टटोल रहा था
और नींव से नींद तक की यात्रा में
रेत अपने पानी में सूख रही थी

सूखना अन्ततः रेत होना है।

यहाँ रेत में बहती नदी थी
नदी में बहता शहर था
शहर में बहती हवा थी
हवा में बहती गन्ध थी

यह गन्ध सुदूर पूर्वी प्रान्त से अभी-अभी बहकर आयी थी
जिसमें एक-एक कर उड़ते गये जिन्दगी के हरे-भरे गीत
जो अभी-अभी बाजार में पटी हुई गाड़ियों से कुचल दिए गये थे

इसमें तमाम सपनों के जलने की गन्ध थी
यहाँ तमाम अरमान सूखे चाम की तरह सिकुड़ गये थे
जिसमें उजड़े हुए गाँव की तरह अस्थियों के चरमराने की आवाज आयी थी

यह रेत की आवाज थी
जिसमें चिल्हकती हुई नदी ने
अन्तिम रूप से अपनी नमी को बचाने की कोशिश की थी।

बेचैनी

एक ऐसे समय में जहाँ सब चुप हैं
सब शान्त हैं
सब स्थिर हैं

एक बेचैन हो उठता है
बोल पड़ता है
और कसकर चिल्लाता है

यह इसी की चिल्लाहट है
जिसमें सब अपनी चुप्पी सुनते हैं
और चिल्लाने लगते हैं।

नियति

ओ कलाकार!
नहीं किया है तुमको शब्दविद्ध
नहीं छुआ है तुम्हारी सब आकृतियों को
नहीं दिया है कोई अर्थ
कुछ-कुछ चमत्कार जैसा
सब कुछ के दे दिए जाने के विरुद्ध

मैंने सिर्फ अपने को तुम्हें दे दिया है
ताकि,
ताकि तुम्हारे सपने मेरे साथ हो चलें
तुम्हारी आकृतियाँ मुझमें रूपाकृत हो सकें
और मैं लगातार बड़ा बन सकूँ
नया कुछ गढ़ सकूँ
गंगा की इस रेती में

यह नहीं है तुम्हारी गति कुछ पाने की
यह अपनी ही नियति है
अपने को मिटाने की!

चित्रकारी में रेत

नदी के तट पर खड़ा मैं
नदी के द्वारा बार-बार बुलाया गया हूँ
उसके पानी में उतरने के लिए

नदी बार-बार करवट ले रही है
और उसकी हर करवट में
थोड़ी रेत उतरा जाती है

नदी अक्सर कहती है
देखूँ उस रेत को
जो मेरे दबाव से थोड़ी हल्की हो गयी है

मैं लगातार देखता रहा हूँ
कभी अपने पाँव को
तो कभी उस रेत को
जो एक कलाकार के चित्र में बैठी हुई थी।

रेत की माँ

नदी के बीच में पहुँचकर
एक द्वीप पर खड़ा होकर
कभी मैं नदी को देख रहा था
तो कभी रेत को

नदी चुपचाप सोई हुई थी
और रेत हुँमच हुँमच कर दूध पी रही थी

रेत लगातार मोटी होती जा रही थी
जबकि नदी दुबली
और दुबली होती नदी
यह देखकर प्रसन्न थी कि लोग उसे माँ कहते हैं।

दाने

रेत शान्त थी
दाने उछल रहे थे

जैसे-जैसे रेत डोलती थी
वैसे-वैसे दाने छलाँग लगा रहे थे

एक समय ऐसा आया कि दाने शान्त हो गये थे
और रेत लाल हो गयी थी

यह रेत के क्रोध का समय था
और उधर दाने थे कि क्रोध करती रेत में
अठखेलियाँ करते
लगातार पकते जा रहे थे

कुछ क्षण बाद पकते हुए दानों ने एक झोले में प्रवेश किया
और एक भड़भूजे की आँख से निकलकर वे
पहुँच ही गये नदी के तट पर!

नदी आज बहुत प्रसन्न थी
अपने आँचल की
आँच देखकर!

मदनलाल

आकाश अपनी अनन्त चादर को फैलाये
बैठा था उदास
इस पार

कि तभी एक कलाकार ने ठान ही लिया
नदी के उस पार
रेत को
करने को बहाल!

हाँ भई
हाँ, मदनलाल!

अलविदा दोस्तो

हम प्रसन्न हैं
नदी उदास है
हमें अलविदा करती हुई

आना
फिर आना
कहती है नदी
कलाकारों से

चलो, अब चलें
कहती है नदी
किनारों से

कलाकारों व किनारों को सहलाती हुई नदी
डूब जाती है
अपनी शाम में!

नाव

1.

नाव चलती है
हम ठहर जाते हैं
इस पार

नाव ठहरती है
हम चलने लगते हैं
उस पार!

2.

नाविक कहता है
बैठो आहिस्ता
बोलो धीमे
देखते नहीं उस पार
कैसी उभर रही हैं आकृतियाँ
रेत की लहरों में

कौन कहता है
सपाट है रेत
कोहरे की तरह निचाट है रेत!

देखते नहीं
कितने बेबस आँसुओं को छिपाये है रेत

एक अफसोस जैसे फैले
अपने विस्तार में!

रेत में सुबह

सुबह बेला
एक मुट्ठी रेत में उठता हुआ वह
एक तिनका
चमक उठता है चाँदनी सदृश
एक बूँद ओस के साथ

सुदूर घिसटती हुई ट्रेन की आवाज
कुहरे को ठेलती हुई
छिक-छिक करती

स्वप्न कुछ साकी जैसे इधर-उधर बिखरे
अलसाती नदी उठ रही है
तट सुहाने छोड़कर

एक मुट्ठी रेत
चहुँ ओर वात प्रसरित
खेत हैं बस खेत

कूचियाँ ये भर रहीं कुछ रंग
सूर्य है कि सिर नवाता
पाँव छूता
दे रहा है रेत को कुछ अंग

लोग हैं कि आ रहे
रुक रहे
झुक रहे
देख इनके ढंग!

रेत में दोपहर

रेत धीरे-धीरे गरम हो रही है
कूचियाँ धीरे-धीरे नरम हो रही है

तन चारों ओर से तप रहा है
मन है कि बार-बार तपती रेत में भुँज रहा है

रेत व मन के बीच
उम्मीद का तनाव है
बार-बार भूजे जाने के बावजूद
मन भीतर रहने को बेताब है

मन के भीतर आकृतियाँ उभर रही हैं
सतह धीरे-धीरे हल्की हो रही है
और अनन्त प्रकार की आकृतियाँ उठती चली आ रही हैं

यह रेत का रेत में विस्तार है
नदी भाप बनकर उठ रही है
और रेत को अनन्त आकृतियों में छोप लेती है

यह दोपहर की रेत है
जहाँ रेत अपनी पूरी मादकता के साथ
शिशिर से खेल रही है

और जब पसीने की बूँदें गिरती हैं रेत में
खुद-ब-खुद एक आकृति उभर आती है

यह कलाकार के पसीने की आकृतियाँ हैं
जिसमें रेत ने अपने को खुला छोड़ रखा है
लगभग निर्वस्त्र होने की हद तक

यह रेत का आमन्त्रण नहीं है
यह कूचियों का खेलना है
और रेत है कि अपने असीम आनन्द के साथ लेटी है
उत्साही कलाकारों की थाप तले!

दोपहर की चढ़ती धूप तले
जहाँ देह थोड़ी हाँफने लगी है
और नेह के नाते डगमगाने लगे हैं
ये कलाकार हैं जो पिता की भूमिका में
नन्हे नन्हे हाथों को
थोड़ी-थोड़ी काया दे रहे हैं
और थोड़ी-थोड़ी छाया भी!

रेत में शाम

चल पड़ी नाव
धीरे-धीरे फिर सन्ध्या आयी
नदी नाव संयोग हुआ अब
मन में बालू की आकृतियाँ छायीं

टूटा तारा
टूटी लहरें
टूटा बाट-बटोही
टूट-टूट कर आगे बढ़ता
पीछे छूटा गति का टोही

चाँद निराला
मुँह चमकाता
चमका-चमका कर मुँह बिचकाता
बचा हुआ जो कुछ कण था
आगे-पीछे बहुत छकाता

आया तट
अब लगी नाव
लहरें हो गयीं थोड़ी शीतल
मन का मानिक एक हिराना
लहरों पर होती पल
हलचल!

सपने

1.

न न न
न छूना इन्हें
इन्हें केवल देखो

ये खिलौने नहीं हैं
ये सपने हैं
अभी कच्चे हैं
छूते ही ये भहरा जाएँगे।

2.

यह बनारस नहीं है जनाब
यह गाज़ियाबाद है

यह पिचकारी नहीं है साहब
यह निठारी है

अस्सी की शाम नहीं हुजूर
यह दिल्ली की रात है

ज़रा इन्हें छूकर तो देखो
कितने बच्चों की किलकारियाँ सुनाई देंगी
यहाँ!

बालू

1.

बालू के कण हैं
नदी का सहारा है
सब बेसहारा है

बस एक किनारे को छोड़कर
जिसमें अभी भी थोड़ी नमी बाकी है।

2.

बालू का रंग नीला है
हमें क्यों दिखता है लाल
पूछता हूँ एक कलाकार से

कुछ भी ग़लत नहीं है इसमें
वह बताता है हमें

देखते नहीं अपनी त्वचा का रंग
कितना लाल है!

चेहरा

1.

जैसे-जैसे रेत में उभरती हैं आकृतियाँ
वैसे-वैसे नदी फेंकती है चेहरा
अपने भीतर से

यह किसी और का चेहरा नहीं है जनाब
अपना ही चेहरा है
कहती है नदी

नदी दिखाती है यह चेहरा
और हम टटोलने लगते हैं अपना चेहरा
अपने ही चेहरे की तरह!

2.

चेहरा के भीतर चेहरा
चेहरे के भीतर अनन्त चेहरे
कौन है अपना चेहरा
पूछता हूँ मैं

वह सब
यह सब
उधर
इधर

जाने किधर पड़ा है अपना चेहरा

नदी है कि इसके दर्पण में दिखता है चेहरा
और वह ठठाकर हँस देती है।

देवता

मनुष्य ने ढेर सारे घर बना लिये हैं
ढेर सारे घर को अगोरने लगा है मनुष्य
और घर है कि लगातार निर्वात् होता जा रहा है
उसके सूखते पानियों में

देवता इन घरों में बसने लगे हैं
वे भी धीरे-धीरे निर्वात् होते जा रहे हैं
निर्वात् होते देवता अब शैतान बन गये हैं

इन्हीं शैतानों ने अब ओढ़ा रखी है ढेर सारी चादर
अपनी प्यारी-सी गंगा को
और परेशानी यह है कि आज गंगा को ही कब्र की जरूरत पड़ गयी है
जिसके लिए नहीं बची है कोई जगह
गंगा के तट पर

ओ कलाकार!
बचा सको तो बचा लो
अपनी ऊँचाईयों में
गंगा के लिए दो गज़ जमीन

हालाँकि इसके लिए तुम्हें अब खुदा से नहीं
खुद से लड़ना है
कूचियों से नहीं
कुच काइयों से भिड़ना है।

रेत में अरमान

रेत में आकृतियाँ उभर रही हैं
रेत अपनी आकृतियों में उभर रही है
धीरे–धीरे

रेत जानती है कि नदी उसके साथ है
जब वह ठहरेगी
नदी तब भी बहती रहेगी
उसके भीतर

क्योंकि रेत होना बहना है।

बच्चे लगातार पकड़ते हैं इस रेत को
जैसे सपनों में जीवन पकड़ रहे हों
क्योंकि सपनों में होना
जीवन होना है

वे समझना चाहते हैं सपनों का रंग
जो एक–एक कर उभरते हैं
और विलीन हो जाते हैं

वे एक–एक आकृति में छोड़ते हैं अपना रंग
और जमाने का ढंग देखो
लोग इन्हें कलाकार कहते हैं

जैसे कलाकार होना कुछ अलग होना है
आदमी नहीं कुछ रंग होना है।

मेरे दोस्त!
इस बहुरूपिये शहर में
ये जो छोटे-छोटे हाथ हैं
मिला है इनसे ही
एक आकार

और यह जो आकृतियाँ हैं
महज़ आकृतियाँ नहीं हैं
ये इनके अरमान हैं
जो फूट पड़ने को बेताब हैं।

कैनवस

आज हमारी कूची हुई है रेत
कैनवस हुआ है गंगा का विराट तट
जिसमें न जाने कितनी संस्कृतियों का स्वर सुनाई देता है

यह रेतकोश का कलाकारों के कर स्पर्श का परिणाम है
कि अनन्त आकृतियाँ खुद-ब-खुद उभरती हुई चली आती हैं
जो हमें हमारे भूलने के विरुद्ध कैनवस को विस्तार देती हैं

जब सारा प्रवाह सूख रहा होगा
हर धारा में चीखने चिल्लाने की आवाज होगी
हर लहर में देह की चुनचुनाहट होगी

यह कैनवस ही है जो बचाएगा
गंगा के समस्त जल को
उसकी सभी व्यंजनाओं के साथ!

नदी का फैलना

नदी धीरे-धीरे फैल रही है
और हम कहते हैं कि सिकुड़ रही है

नदी का सूखना
नदी का सिकुड़ना नहीं
उसका फैलना है

जिसे आप सूखना कहते हैं
वह महज़ पानी है

जिसे फैलना कहते हैं
वह नदी का बहना है

नदी का बहना क्या होता है
यह जानना हो तो
तनिक अपनी दीवारों को खुरचकर देखें
कितनी ही आवाजें सुनाई देंगी
इसके उड़ते हुए पलस्तर में

इसमें प्रयाग ही नहीं हरिद्वार भी सुनाई देगा
जहाँ हर की पौड़ी का हर व्यक्ति
अपने पाँवों की शीतलता में
हरहराता हुआ चला आता है।

कल की नदी

धीरे-धीरे रेत ऊपर उठ रही है
धीरे-धीरे बच्चों के सपने नीचे उतर रहे हैं

यह नदी का अपने भीतर जाना है
जहाँ नदी अब अपनी जड़ों में बह रही होगी

यह आज की नदी नहीं कल की नदी है
जिसमें कुछ कण होंगे
नदी को टोहते हुए

नदी कहीं नहीं होगी
सिवाय हमारी उँगलियों के स्पर्श के
जहाँ नदी के सूखने का नहीं
फैलने का इतिहास मिलेगा।

सुनो सुनो हो कलाकार

सुनो सुनो हो कलाकार!
आकार नहीं है कला
अकारण भी नहीं यह
यह तुम्हारी कूचियों से सरकते हुए शब्द हैं
जिनमें जिन्दगी के अर्थ भरे हुए हैं

तुम न समझना कि तुमने छुआ है इन्हें
तुम यह भी न समझना कि तुमने इन्हें एक रूप दिया है
तुम यह भी न समझना कि इनमें कहीं तुम्हारी जरूरत है

ये आकृतियाँ खुद-ब-खुद चलकर तुम्हारे तक आयी हैं
जैसे हवा स्वयं चलकर आती है
नदी के तट तक

तुम वह दीपक हो
जिस पर शलभ स्वरूप दुनिया खिंची चली आती है
और जिसके आलोक में वह अपनी मुक्ति चाहती है।

सुनो!
सुनो हो कैनवस के कलाकार
तुमने अपनी जिन कूचियों से इस तट को रँगा है
वह अब हमारी आँखों में उतरने लगा है
और जो कोई तुम्हारी आँखों को देखेगा।

खुद-ब-खुद तुम्हारी कूचियों में रँगता हुआ चला आएगा।

उठो
तुम बार-बार उठो
देखते नहीं नदी ने तुम्हारे लिए कितनी जगह दे रखी है!

और इसके पहले कि सभ्यता के असभ्य लोगों द्वारा इसे हथियाया जा सके
तुम छोड़ आओ कुछ चिह्न
कि हर नींव में आये एक ही आवाज
आकार आकार आकार
सुनो सुनो हो...
ओ कलाकार!

रेत में घर

रेत में इन्होंने कुछ घर बनाये
कुछ छाजन वगैरह टाँगा इसमें
फिर कुछ खिड़कियाँ खोलीं यहाँ पर
और फिर निकल पड़े दूसरे घर की तलाश में

ये कलाकार हैं
हर पल बनाते रहते हैं एक घर
रहने के लिए नहीं
लौटने के लिए

हमने कुछ क्षण इस घर में बिताये
एक छोटा-सा पूजाघर बनाया
कुछ सामानों को करीने से सजाया
कुछ रसद वगैरह का किया इन्तजाम
और इसी लेवन-मूदन में बिता दी
जिन्दगी की शाम
अपने-अपने देवता के नाम

इसी घर में हमने कुछ सपने देखे
इस घर में हमने कुछ कबूतरों को बसाया
कुछ मेहमानों को हँसते-हँसाते
काट दिये जिन्दगी के कुछ पल
अविराम!

एक दिन ऐसा आया
कि दीवारों से आयी एक आवाज
हमारे कुछ-कुछ भूलने की

एक-एक कर वे लगी झरनें
एक-एक कर झरने लगे हमारे गीत
एक-एक कर दरकने लगी पंखुड़ियाँ
और एक दिन ऐसा हुआ
कि आयी एक बाढ़
सब कुछ को बहाती हुई

अचानक हमने पाया अपने को महाप्रलय के बीच
और यह देखकर हैरान थे हम कि एक विष्णु की तरह
बचा हुआ था वह
जिसने बनाया था हमारा घर
रेत में।

यह हमारे सपने में नहीं हकीकत में बचा था
जिसे हमने अपने पूजाघर में नहीं दी कोई जगह
वह ही हमारा देवता बन
हमारे भीतर खड़ा था
हमारे सभीत मन को अभीत करता हुआ!

अंकुरण

तुम्हारे रोवों का उठना
रेत-भर का प्रेम होना
फिर चटखना
अँगुलियों के मानिन्द
दौड़ पड़ना
धमनियों में

तुम्हारे रोवों का उठना
हमारी पुतलियों का सिहर उठना
बस उतना ही समय रहना
गया जो पलक के साथ अपना

हाय कैसे कहूँ
हृदय की पुकार पाना
इतनी दूर तक साथ आना
छोड़कर सभी अपना
रेत में रेत का
अंकुरित होना।

उठान

रेत उतनी रहने के लिए नहीं होती
जितनी बहने के लिए होती है

जिसे आप कहते हैं
रेत होना
असल में वह बहना ही है

जैसे खेत होना
गिरना नहीं
उठना होता है

उठान!

अधिभार

रेत नदी नाव
और धारा
मिलकर देते हैं वह धार
जहाँ हम मुँह रोपे खड़े रहते हैं

यह हमारे वयस्क जीवन में
शैशव का हस्तक्षेप है
जिसे हम विमल मन से
कोमल हृदय को बचाए रहते हैं

यह बचाना हमें शैशव में रोकना नहीं है
बल्कि हमें इसकी याद दिलाते जाना है
कि हमारी हर धार किसी की उधार है

जिन्दगी हमें जितनी भी मिली है
भार नहीं अधिभार है
जिसे नदी ने
तैरने के लिए
हमारे ऊपर थोप रखा है।

अनुवाद

रेत नदी का अनुवाद नहीं है
वह नदी का विस्तार है

नदी जैसे-जैसे विस्तृत होती जाती है
वैसे-वैसे पतली होती जाती है
और हम मोटे होने लगते हैं
लगभग एक शिलाखंड की तरह

हम अपने स्वास्थ्य में इतने संलग्न होते हैं
कि घोषित कर ही डालते हैं
कि नदी बीमार है

जबकि नदी है कि अपने सम्पूर्ण वैभव को त्यागकर
हमारी समृद्धि की चिन्ता करती है
एक माँ की तरह!

रेत झरझर

रेत झरझर बह रही है
नदी महमह कर रही है
धार पुलकित
धाह देती
फूटने को आकुल है

किया जो तनिक-सा स्पर्श
रोमछिद्र धधक रहे हैं
असंख्य मूर्तियाँ उभर रही हैं
एक-एक शिलाखंड टूट रहे हैं
एक-एक कर प्रचलित आकृतियाँ भहरा रही हैं
और बंजर खँडहर कुछ-कुछ बोलने लगते हैं
नयी-नयी आकृतियों के साथ

नदी रुक गयी है
रुक नहीं बस झुक गयी है
वाष्प बनकर उड़ रही है
अग्निज्वाल धधक रही है
रेत झरझर बह रही है।

यह किसका कर स्पर्श है कि धार ऊर्ध्वाधर है
क्षितिज टूट कर छिटक रहा है
सब कुछ उभरने को बेताब है

यह किसकी लय है कि श्मशान भी सुनसान है
कोई भी तट खाली नहीं है
किसी नाव में कोई जगह नहीं है
कुछ भी कहीं भी रुकने को तैयार नहीं है

यह किसका आलाप है कि मध्य को कोई महत्त्व नहीं देता
एक क्षण भी
एक कण भी रुकने को तैयार नहीं है

सब के सब द्रुत में चले जा रहे हैं।

क्या कभी इतनी हलचल को पचा पाऊँगा
जो पचा भी पाया तो क्या बचा भी पाऊँगा

जो बचा भी पाया
तो कैसे बाँध पाऊँगा
आज के इस क्षण को
जिसमें हर कण कुछ कहने को बेताब है—
कूचियाँ ही कूचियाँ
बस आब हैं
आफ़ताब हैं!

रात में रेत

सो रही है रेत
रख हराई सो रहे ज्यों स्वप्न हल के
नदी अपना आँचल पसारे
सुना रही है लोरियाँ

आकाश चहलकदमी करता है
तारे बुलाते हैं अपनी ओर
चन्द्रमा बिल्कुल पास से सरकता है
किसी पुरानी कथा के एक टुकड़े जैसा
ताकता है
झाँकता है
कुलबुलाता है

सियारों का शोर है चहुँ ओर
रात की गाड़ी
दूर कहीं दूर
सन्नाटे को चीरती है
टिटहरी टेरती अपना राग

सो रही है रेत
अपने घुटनों में दबाये रेत को
सहला रही है नदी सिर को
अतल शान्ति जैसी

यह नहीं है नींद
केवल विश्रान्ति है
जिसमें नदी अपनी शीतलता से
रेत को तरल कर रही है
कल गरम होने के लिए!

बसन्त

टेसू के फूल समान
फैली है रेत
भाप में लहकती हुई

साँस है कि थकी-थकी चल रही है
थकी-थकी नहीं बल्कि रुकी-रुकी चल रही है
कहाँ भगे जा रहे हो पाहुन
आश है कि धरे-धरे
कह रही है रेत।

वसन्त है कि हिलाता है हिया
नदी के ठीक उस पार
फूल काचनार के लहराता है जिया
मन है कि अकुलाए चित्त से
पुकारता है पिया-पिया

रेत है कि चूमती है पाँव
चाँदनी जैसे झुरमुट से गाँव
छोड़ मत जाना मीत
बस एक बार
एक बार उतर आओ
मेरी प्रीत
बौर रीत!

आखिर इतनी भी छूँछ नहीं
कि कहीं पूँछ नहीं
मैली तो हूँ
लेकिन इतनी कुचेली नहीं
तनिक सहला कर देखो
अब भी उतनी ही शीतल हूँ
रजतल में बहती हुई
दखिनी हलचल हूँ।

तनिक फँसकर तो देखो
तनिक धँसकर तो देखो
ग्रीष्म में भी पखारूँगी तुम्हारे पाँव
अपनी छाँव

कहाँ जा रहे हो उधर की ठाँव
शहर-शहराँव
बरवक्त जहाँ रहता है
काँव-काँव!

नदी निराली

नदी निराली
मत इठला
नाव तुम्हारी लहरों पर
भरती किलकारी
मत दिखला।

होगी तू भी मोटी रेत
जैसे होते हरे खेत
बनी गन्ध उड़ती सब हेत
स्नेह लुटाती
सेत-मेत।

शहर-दर-शहर बहती रहती
अपनी धड़कन, अपनी आन
अविरल भरती रहती मुक्ति
टूटी बिखरी
तू बेजान।

बादल-बादल पानी देती
अपने पानी से अनजान
रूठे बादल, रूठी लहरें
बाँचोगी कैसे
सत्य महान।

कदम-कदम पर साँसें रूकती
धाराएँ देतीं दम तोड़
तू लुटती है, तू घुटती है
तट हैं कि बस
रहे निचोड़!

रेत प्यार

नाव किनारे
लहरें लेते
पहुँचे जब हम बीच मझार

नाव किनारे नहीं लगी वह
लगी घूमने बारम्बार
तट जो दूर रहा इठलाता
करने लगी यहीं पर प्यार

नहीं भँवर यह
नहीं चँवर यह
यह है रेत नाव अभिसार
लगी चाटने नदी पीठ को
नाव घूमती हो लाचार

यह कैसी हलचल है प्रियवर
लगे पूछने बारम्बार
क्या अपनी भी यही नियति है
सूखेंगे हम अपनी धार!

तभी उठा एक झोंका आया
लौट चले हम ले पतवार
आँखों से सब ओझल होकर

पहुँचा जहाँ रेत अम्बार

नदी गयी अब हम ही थे
हम भी नहीं कहीं कुछ थे
पाँव टोहते हाथ मारते
रेत कणों में कुछ-कुछ थे।

दर्पण

रेत नदी का दर्पण है
जिसमें नदी अपना रूप निहारती है

वह थोड़ी सजती है
थोड़ी सँवरती है
और इठलाते हुए आगे बढ़ जाती है

नदी धीरे-धीरे सयानी हो गयी है
और अपनी लहरों में आगे बढ़ती हुई
थोड़ी छरहरी हो गयी है

नदी धीरे आधुनिक हो गयी है
आधुनिक होती नदी धीरे-धीरे
ठहर-सी गयी है।

होना भी कहाँ होना

सपने में रेत
रेत में सपना
रेत में रेत का सपना
और धँसना
धसकते हुए धँसना

नदी का हँकारना
नदी में रेत का होना
स्वप्न जैसा फिर होना

होना भी कहाँ होना
महज़ रेत होना
और स्वप्न की मानिन्द सब कुछ बिसर जाना

सपने में रेत
नदी का विराट तट
अद्‌भुत काया व माया के साथ नदी का वक्ष
और इस पर हाथ फेरना
शिशु की मानिन्द
इस पर तैरना
कुछ बिसूरना!

लेकिन शिशु हो
क्या कभी फुदक पाऊँगा
इन कच्चे सपनों के साथ!

कोहरे में रेत

नदी की कोख से जहाँ झाँकते थे नाविक
वहाँ पसरा है कोहरा
सन्नाटे को और भी विस्तार देता हुआ

आकाश धरती
अन्धकार प्रकाश
सब मिट-से गये हैं
उदासी में लिपटा है तट
जैसे पुत गयी हो कालिमा
किसी मनहूस मन में

एक धूमिल चादर-सी पड़ी है रेत
कोहरे में दूर तक दिखाई कुछ भी नहीं देता
सूर्य धुँधुआता है ऊपर
और मैं अपने भीतर देखता हूँ रेत
गंगा की रेती में प्रवाहित होती हुई

मैं जितना ही आगे बढ़ता हूँ
उतनी ही चौड़ी होती है रेत
हवा जितनी ही सरसराती है
उतनी ही खिलखिलाती है रेत

नाव जिस पर बैठा हूँ
नदी जिस पर तिरता हूँ

बार-बार वापस भेजने को बेचैन करते हैं
बार-बार वे झुठलाते हैं रेत का वजूद
और बार-बार अहसास कराते हैं
कि कोहरे में रेत तक पहुँचना
अपनी ही धड़कनों में तैरने जैसा है

नदी जितना ही हिल्कोर मारती है
रेत उतनी ही तैरती है ऊपर
और एक अछोर की तरह फैलती हुई
दहाड़ मारती है

यह नदी का शोर है
जिसे नदी ने चुपचाप
कोहरे में बाहर रख दिया है।

गोल रेत

मैं जब कभी किसी रेत को देखता हूँ
फफक पड़ता हूँ

यह बहुत पहले की बात है कि एक दिन एक शाम
शक्ति घाट से सिपहिया घाट के बीच टहलते हुए
अचानक एक गोल रेत से टकरा गया था

गोल रेत!
यह हमारे लिए बिल्कुल नयी बात थी
लेकिन थी कुछ ऐसी ही
जैसे कि पृथ्वी गोल है
हालाँकि किनारों पर थोड़ी झोल है

यह अमावस की कोई शाम थी
सूरज लगभग डूब रहा था
और नदी के तट अपनी रोशनी में थिरकने लगे थे

जैसे-जैसे मैं आगे बढ़ रहा था
रात चढ़ रही थी
और रेत अपने आकार में बड़ी होने लगी थी

कुछ समय बाद मेरे हाथ में कुछ सुगन्धित आकृतियाँ थीं
जिनमें जीवन बहने लगा था
और अनन्त काल से छिपा पृथ्वी का रहस्य

सागर की शक्ल में रेत की सतह पर तैरने लगा था

एक समय आया जब मैंने महसूस किया
कि मेरे हाथ में एक कूँची है
मैं ही कैनवस हूँ
और दुनिया की सारी आकृतियाँ मेरी ही परिक्रमा कर रही हैं

सूर्य की ऊँचाई पर पहुँचकर
अपने अन्तिम लक्ष्य की विजय में
राशियों की ओर बढ़ ही रहा था
कि एक दन्तुरित कलाकार की चमकती आँख से
पूरा ब्रह्मांड काँप उठा
और इस अहसास के साथ सहम गया कि
मेरी मुट्ठी में अभी भी एक रेत थी
ठंडी व लिजलिजी!

रात ढल चुकी थी
और इससे पहले कि कोई और भी
रेत के इस कलात्मक रहस्य को समझे
मैं चुपचाप घर लौट आया था

रेत अभी भी
बूढ़े कलाकार के जवान सपने की तरह मेरा पीछा करती है।

रेत में लखटकिया

लखटकिया दौड़ रही है
जैसे सपने दौड़ते हैं रेत में

कभी इधर गयी
कभी उधर गयी
कभी भीतर गयी
कभी बाहर गयी

कभी गयी गयी
कभी चली गयी

जैसा चाहो इसको मोड़ो
जैसा चाहो इसको तोड़ो
जहाँ चाहो इसे धँसा दो
जहाँ चाहो इसे फँसा दो

मन के बाद इसी की गति है
जो कहता है प्रबल प्रदूषण
मारी गयी उसी की मति है

भाँति-भाँति के मुँह हैं इसके
भाँति-भाँति का पेट

जितना चाहो ठूँसो इसमें
प्रबल अग्नि सब देगी मेट।

यह टाटा के अरमानों की लखटकिया है
भोजन तो मिल ही जाएगा
ईंधन का क्या पूछना
बस ससुराल सलामत रहे

खेती की क्या जरूरत है
सब जगह हवा है
गाँव को शहर बनाना है
सबको तेज दौड़ाना है
शहर के लिए उड़ाना है लखटकिया

अतंग-पतंग अब उड़ने से रहे
कौन पूछता है
रह गये जो नन्हे के नन्हे!

अब हमें हमारे सपनों को धरती से जोड़ना है
आकाश में नहीं जमीन पर दौड़ना है
लखटकिया को थोड़ा ऊँचा बनाना है
और थोड़ा-थोड़ा बाहर झाँकना है

बहुत हो गया अल्लम-गल्लम
बहुत हो चुकी बात
लाल सलाम की जय जय करते
टुटही चप्पल चटकत जात!

यह लखटकिया का अँजोर है
कुछ पागल रहें

कुछ आन्हर रहें
क्या फर्क पड़ता है—

माई आन्हर
बाऊ आन्हर
के के दिया दिखाई
दूबर अस
मेहरारू आन्हर!

अब सबके उड़ने का समय है
देखते नहीं
कैसे गते गते आ रहा है
म... जा...

क्या यह कम है कि
रेत में दौड़ती लखटकिया पर सवार होकर
हमसे मिलने आता है टाटा
और एक कलाकार के रगों में दौड़ता हुआ
इठलाता है टाटा!

नदी पुल

जहाँ पुल होता है
नदी होती है
प्रवाह होता है हलचल!

जहाँ पुल नहीं होता
नदी नहीं होती
अहसास होता है शान्ति!

नदी यहाँ
समुद्र होती है
जैसे समुद्र होना
पुल को उछाल देना है मुक्ति!

रेत चिट्ठी

1.
पुल अक्सर धोखा दे जाते हैं
नदी के पाट को लेकर

नदी कितनी चौड़ी है कितनी पतली
कितनी गहरी है कितनी छिछली
कितनी उदार है कितनी आक्रामक

यह मौसम भी नहीं जानता

शिखरों की बात कौन कहे
समुद्र भी नहीं बता सकता

पुल की तो बात ही और है
ठोस व ठस!

ऐसे में नदी के ठीक-ठीक पते के लिए
पुल से ज़्यादा भरोसे की होती है
छूटी हुई रेत
जैसे ठीक-ठीक पते के लिए
भेजी जाने वाली चिट्ठियों से
ज़्यादे भरोसे की होती हैं
छूट गयी चिट्ठियाँ!

2.

रेत नदी की चिट्ठी है
यात्रा की जल्दबाजी में
छूट गयी
राह पर

इस चिट्ठी में कैद हैं अनगिनत ही सन्देश
हिमालय ने जो भेजे थे
समुद्र के लिए

मसलन कि यहाँ पाँव भर नमी है
तो बाँह भर गरमी

आँख भर रोशनी है
तो प्यार भर हवा

स्वर्ग भर सफलता है
तो नरक भर विफलता!

यदि इसे ठीक से पढ़ लिया जाय
तब पढ़ा जा सकता है
रेत के भीतर कैद
मौसम की हरियाली को
जिसे भोजन पकाने के पहले
आग के हवाले कर दिया गया!

एक विनम्र अभिवादन

रेत हूँ
रेतीली नहीं

मेरे ऊपर से बहते हैं नाले
मेरे सीने से चिपकी हैं लताएँ
मेरे कानों से गुजरती हैं ट्रेन
जर्जर नहीं
निर्झर हूँ!

प्यार देती हूँ सभी को
और दे दी जाती हूँ
सभी में प्यार

हवा में जितनी ही उड़ती हूँ
पानी में जितनी ही बहती हूँ
आग में जितनी ही जलती हूँ

भीतर-भीतर गलती हूँ
अपनी धार।

धार मेरी
उधार नहीं
अपनी है

कम नहीं होती धार
पानी के सूखने से
वह कम होती है
यह मानने से
कि पानी उड़ रहा है

मैं रेत हूँ
अपनी तरलता में
एक विनम्र अभिवादन-सा फैले
इस विराट में!

रेत नाव

1.
नदी है
कोहरा है

कोहरे में नदी है
नदी में कोहरा है

को हरा है
को भरा है
कहना कठिन है

बस एक नाव है
जो सदियों से मेरे साथ है।

2.
मेरे पास एक नाव है

इस पर कुछ जंगल लदे हैं
कुछ आसमान

कुछ अँधेरा लदा है
कुछ रोशनी

कुछ अतीत लदा है
कुछ व्यतीत

इस पर बैठा हुआ मैं
अपनी कुहनियों से इसे खे रहा हूँ

जितना ही खेता हूँ इसे
उतना ही खोता हूँ इसकी तरंग को
पाने के लिए

अपना अन्तरंग!

3.
रेत के ऊपर नाव
नाव के ऊपर रेत

कौन किसके ऊपर
कौन बता सकता है

अपने विस्तार में
दोनों ने नदी को चुना है
और दोनों ही छोप लेते हैं
नदी को
एक चुनौती की तरह

नदी है कि चुपचाप
लहरों को ठेलती हुई
चली जा रही है!

इंगित

इतिहास का निर्माण
यात्रा से ही नहीं हुआ करता
थकान से भी हुआ करता है
इतिहास का निर्धारण

साहित्य का विस्फोट
रचे जाने को लेकर ही नहीं हुआ करता
बचे जाने को लेकर भी
साहित्य का स्फोट हुआ करता है

एक कवि न जाने कितनी बार
छोड़ता है खाली जगह
पूरी होने के लिए
कहीं और

फूल की इयत्ता
इसके खिलने में ही नहीं होती
झरने में भी
फूल की सत्ता हुआ करती है

सभ्यताओं की कश्ती
नदी से ही आबाद नहीं होती
रेत से भी आबाद हुआ करती है
सभ्यताओं की बस्ती

कहीं और को इंगित करती हुई!

सुख-भरी रेत

यहाँ से मुझे जाना है
जैसे यहाँ के लिए आया था
कहीं से

जाने क्यूँ लगता है फिर भी
वर्षों से चल रहा था
यहीं आने के लिए

आज यहाँ सब ओर तुम ही तुम हो
लगता है यह वर्षों का सन्ताप है
जो रेत में आकर
रेत में पिघल रहा है

दूर कहीं दूर कुछ सुलग रहा है!

हाय! कैसे कहूँ
कि अतीत की दुख भरी लहर से
कभी-कभी ज़्यादे भयानक होती है
वर्तमान की सुख भरी रेत!

ऐश्वर्य

नदी का किनारा
किनारे की नदी लगातार डोल रही है

एक तिनका
बार बार उतराता है
डूब जाता है
नदी के तट को चूमकर

बसन्त की मादक हवाएँ
बेखौफ उड़ रही हैं
आकाश अपने आँचल में पीला हो रहा है

मन बार-बार दौड़ रहा है
इधर-उधर पसरी रेत पर
बालू में अपने नाखून धँसाता
पैर कहीं बहुत गहरे धसक रहा है

तुम्हारे पाँवों के स्पर्श से लहर-दर-लहर सिहर रही है
यहीं कहीं जैसे कोई कुछ कह रहा है

पानी बस पानी है
बह रहा है।

न कोई ओर है न कोई और
छोर ही छोर है सब अछोर
नदी जैसे कन्धे पर
करती है अनोर!

शून्य है चारों ओर
घना कोहरा है पसरा हुआ
कहीं कुछ भी दिखाई नहीं देता

फिर भी लगता है
सूर्य मेरे भीतर उग रहा है
जिसमें तुम ही तुम दिख रही हो
आभा नहीं, ऐश्वर्य
है, सब ओर।

आना जी आना

अनुगृहीत हूँ
त्याग दिया गया हूँ
फिर भी गृहीत हूँ।

आना जब कभी याद जगे
आना जब कभी लाग लगे
आना जब कभी प्यार पगे

मिलूँगा यहीं पर
इन्हीं हवाओं में
पहली बार जब मिले थे
आँधियों को हटकते हुए

मैं तो यहीं हूँ
कैसे याद किया
अभी भी वही हूँ

(विश्वास यह कितना खतरनाक है
अपने लिए पाग है
मेरे लिए झाग!)

थक कर आना

पक कर आना
लक दक आना
आना जी आना

याद है सभी कुछ
यहाँ वहाँ
जहाँ तहाँ

मैं अभी चेत हूँ
आखिर जो
रेत हूँ।

आर्द्र चितवन

पानी के भाप होने के विरुद्ध
रेत
नदी की एक सार्थक उपस्थिति है

यह तब भी होगी
जब नदी नहीं होगी
नदी के अस्तित्व के खिलाफ
हर साजिश का पर्दाफाश करती

जब तक रेत है
नदी है
नदी के पक्ष में
एक आर्द्र चितवन की तरह।

गँवई गन्ध

रेत
जीवन की हर नाउम्मीदी के खिलाफ
एक सम्भावना है

जितना ही कुरेदो इसको
कड़कती है रेत

जितना ही धँसाओ इसमें
धधकती है रेत

जितना ही जलाओ इसको
गँवई गन्ध की तरह
अकड़ती है रेत।

जीवन

देखो रेत कैसे जी रही है
आप हैं जी
आप कहते
नदी बिल्कुल मर रही है

कौन कितना मर रहा है
कौन कितना जी रहा है
कौन जाने कौन कहता
कौन कितना बह रहा है

नदी है बस चल रही है
दूर तक बस रह रही है
अभी कितनी दूर जाना
सोच यह सुख
सी रही है

रेत होकर कह रही है—
नदी होकर सह रही है
हाय फिर भी गह रही है
बाँह ही तो है
मर मरा के भी
थह रही
थ थ थहा रही है।

डूबता सूरज

इस खुले आकाश में खुले होने का एक रहस्य रहता है
जैसे खुले हुए गोवा में बन्द हुए बनारस का रस चूता है

खुले में।

आकाश कितना ही निर्मम हो
हवाएँ कितनी ही हों तनावदार
धरती कितनी ही हो घुमावदार

कुछ-न-कुछ मिल ही जाता है जीवन
लहर के बीच
परत-दर-परत!

अभी तो यह ढलान का सूर्य है
हम सरकते-सरकते आ ही गये हैं अंजुआना तट पर
रेत तट पर

डूबता सूरज कितना उतराता हुआ दिखता है

यह हमें आज यहाँ पता चला
जहाँ हमारे अतिरिक्त कुछ भी नहीं है
त्वचा भी नहीं!

मन पर त्वचा का बोझ कितना घना रहता है
यह तब पता चलता है
जब हम दूर होते हैं—
बहुत दूर
अपनी ही त्वचा से।

रेत रूप

रेत रूप
अनूप

अपने पाँव की धूप
लगातार रूपायित होती
हमारी आँख में।

रेत रूप
अनेक रूप

कुछ फोड़ती चना
कुछ रचती प्रेम
कुछ बनाती मूर्ति
सहलाती समुद्र
कुछ-कुछ।

कुछ ऐसी भी
सुखाती पानी

वह हमारी आँख का हो
या फिर नदी की काँख का!

गीली रेत

समुद्र किनारे
लहरें लेते
चारों ओर दौड़ रहा हूँ

जितना ही दौड़ता हूँ
उतना ही ठहर जाता हूँ
किनारों पर

जितना ही लाँघना चाहता हूँ समुद्र
पाँव उतने ही उलझते हैं
एड़ियों पर

यह सूखी रेत पर दौड़ना है
जबकि गीली रेत पुकार रही है
लगातार

वह बार-बार कह रही है प्यारे
यह समुद्र की रेत है
यहाँ गीली रेत पर ही दौड़ने की इजाजत है।

नदी आत्मा

चढ़ते हुए हम सब बटोरते हैं
उतरते हुए बहुत कुछ छोड़ देते हैं

जीवन की दिशा में जवानी की आत्मा तले
जो कुछ बटुरता जाता है
बुढ़ापे की तरफ बढ़ते हुए हम
धीरे-धीरे छोड़ने लगते हैं

जीव की आत्मा तो जीवन ही है
जो उतरते हुए ही दिखता है
चढ़ते हुए तो उसकी जीविका ही दिखाई देती है

नदी की आत्मा
नदी की चढ़ाई में नहीं
इसके उतरने के बाद
उपराई हुई रेत में दिखाई देती है।

मोक्षदा ही नहीं

मत करो शहर को कैद नदियों में
नदियाँ जिस दिन शहर को कैद कर लेंगी
शहर कैद होगा कचरे में
कचरा होने तक

नदियाँ भी कभी-कभी विद्रोह करती हैं
वे धार ही नहीं धूल भी देती हैं
और जब ऐसा करती हैं
श्मशान होती हैं

वे चीखती हैं
चिल्लाती हैं
और विसर्जन के सारे प्रतीकों से छिटक कर
मुक्ति का आवाहन करती हैं

वे सदियों की अवधारणा से मुक्त होना चाहती हैं
मोक्षदा ही नहीं—
सही

वे धरती पर फैल जाना चाहती हैं
उसको खुले में प्यार करती हैं
वे अपनी ही शिराओं को चूमना चाहती हैं
और घने बादलों के बीच

किलकते हुए शिशु से खेलना चाहती हैं
लुकाछिपी का खेल!

वे चाहती हैं कि वे कचरा बनकर नहीं
रेत बनकर बहें
और सागर की ओर हहराती हुई
प्रकृति के खुले आँगन में
जीवन की तरह बहें।

भाप

नदी
दूर-दूर
अलग-अलग तटों के साथ बह रही है

नदी का यह बहना
उपहास का नहीं
उपहार का विषय है

दूर तलक फैले
दूर-दूर अपने तटों में
नदी अपने पानी को प्यार करती है

नदी अपने वियोग में भी हमारा योग करती है।

जब वह खुद-ब-खुद योग करने लगती है
भाप बनकर उड़ता हुआ पानी
हमारे आँसुओं के रूप में झरने लगता है
झहर-झहर!

सूखती नदी

रेत नदी का सूखना नहीं है
नदी के बहाव का कम होते जाना है
रेत।

नदी जब सूखने लगती है
तब बहुत कुछ सूख जाता है
अलहदा!

आहिस्ता-आहिस्ता बन्द होने लगती हैं
घंटे और घड़ियालों की आवाजें
भाप बनकर उड़ने लगते हैं सपने
सुबह की उम्मीद के साथ
ढहने लगता है जीवन।

शिशिर फेंकने लगता है लपटें
बसन्त तपिश से कुलबुलाता है
और ग्रीष्म जैसे अपने ही आँच में झुलसने लगता है

शहर का सबसे सुरक्षित किनारा
अपनी ही धारा से द्रोह कर बैठता है
और कचरे की सम्भावना से अटा पड़ा शहर
अपने ही वजूद में रिसने लगता है

नदी जब सूखने लगती है
बहते शहर को कोई नहीं बचा सकता

शहर तभी तक आबाद है
जब तक बह रही है
एक नदी!

अटा पड़ा समुद्र

1.
रेत है उड़ जाएगी

जो उड़ जाएगी
कहीं तो गिरेगी

जो गिरेगी
रेत ही होगी
पिछली रेत को हिलाती

रेत होना
उड़ना है
उखड़ना नहीं!

2.
रेत पर खड़ा मैं
नजर घुमाता हूँ
इधर-उधर

जितना ही धुमाता हूँ
उतनी ही पलकों पर उतरती है रेत

जितना ही सोखता हूँ समुद्र
उतनी ही फैल जाती है रेत

पुतलियों पर

रेत में
रेत की नज़र
नज़र नज़र फैली है
और जैसे ही बन्द करता हूँ आँखें
रेत है कि छोप लेती है
आँगन
आँख का!

आँख के इस आँगन से रेत मुस्कराती है
अविरल धार!

3.
नहीं है समुद्र रेत
नहीं है रेत समुद्र

ठहरा हुआ समुद्र— रेत है
चलती हुई रेत— समुद्र है

यह अचानक ही मुझे पता चला
जब एक दिन खुद को
समुद्र के तट पर पड़ा पाया

पड़े हुए समुद्र को खड़ा करते हुए।

किस्से

लोग कहते हैं
ऋषि अगस्त ने
एक दिन अचानक समुद्र को निगल लिया

असल में ऋषि ने समुद्र को निगला नहीं
अपने भीतर की रेत को उगल दिया था।

लोग यह बताते हैं कि हनुमान जी ने
समुद्र को लाँघ लिया था हँसी-हँसी में

मुझे लगता है हनुमान जी ने कुछ लाँघा-वाँघा नहीं
बस बैठे-बैठे अपने भीतर की रेत को उछाल दिया दिया
तबीयत से।

समुद्र को लेकर अनन्त किस्से हैं जगत में
रेत को लेकर एक भी किस्से नहीं हैं जीवन में
मसलन घर को ही लें
दीवारों के बहुत किस्से हैं
बालू का लेकर
कुछ भी नहीं!

पाँव

सागर किनारे रेत पर पाँव डोलते हैं

जितना ही डोलते हैं
उतना ही सोखते हैं समुद्र
रेत में

रेत में समुद्र लेता है हिलकोरें
और हम हैं कि ढूँढ़ते हैं रेत
समुद्र में।

रेत पसीना

पानी अपना रंग बदलता है
रेत नहीं

पानी में जो मिलता है
वह पानी पानी हो जाता है
पतनार
रेत में जो मिलता है
रत हो जाता है
रतनार!

रेत होना नम होना है
नम होना
अंकुरित होना है
अपनी शुष्कता के खिलाफ

रेत एक व्याप्ति है
जिसके बगैर कुछ भी व्याप्त नहीं है
रेत भी नहीं।

खुद समुद्र को जब व्याप्त होना होता है
कुद कुछ मानवीय होना होता है
तब रेत होता है

जिसे हम समुद्र कहते हैं
असल में वह रेत ही है
रेत पसीना
जैसे जिसे हम मनुष्य कहते हैं
वह असल में हमारा श्रम होना है
श्रम से थोड़ा ज्यादा श्रम होते जाना!

पाँव में उलझा हुआ समुद्र

इतनी हाहाकार
इतनी हुंकार!

ओ मेरे सागर
एक चमत्कार से फैले इस एकान्त में
किसकी यह ललकार!

दरकार दरकार दरकार
कौन सुने तुम्हारी यह व्यथा
दुख के प्रियतम
सुख के पारावार!

मुझे देखते ही दौड़ पड़ते हो
धधाकर गोता लगाते हो
और जैसे ही छूने की कोशिश करते हो
अपने ही पाँवों को अपने सिर पर लादे मैं
भागा चला जाता हूँ।

हाय! कैसे कहूँ कि यह किसकी उलझन है
कि जितना ही भागता हूँ
उतना ही पछियाते हो तुम
जितना ही बरतता हूँ दूरी
उतना ही बरबराते हो तुम

और घर पहुँचकर जब थोड़ा सुस्ताता हूँ
जूते के तल्ले से झाँकता हुआ
सुरक्षित कोनों के बारे में ज़रा-सा सोचता हूँ
तब पता चलता है कि मेरे ही पाँवों में उलझे हुए तुम
यहाँ तक चले आये हो

जैसे चली आती है रेत
नाखूनों के पोर में दुबकी हुई!

आज़ादी

यह नहीं है रेत
रेत आज़ादी है।

खदेड़ा गया था जिस दिन मधुवन से
देह के उपवन से उजाड़ दिए गये थे नन्हे नन्हे
अनगढ़ पौधे
त्रिशूल व गदा की गर्जन से शुद्ध की जा रही थी नागरिकता
कोमल-कोमल हाथों को झुंड में बदलने को मजबूर किया जा रहा था
सड़कों पर चक्रवात की तरह घुमड़ रही थी परम्परा

यह रेत ही थी
जिसने नोक भर की जगह दी थी
देह की गोपनीयता में
सिकुड़ी हुई राष्ट्रीयता के खिलाफ!

ये जो भारतीयता के रक्षक हैं
जो हर विहान के साथ रचते हैं एक नयी भाषा
जो घोड़ा घास की तरह अपनी जड़ों में अपनी आँत को सूँघते हुए
औरों की आँख का पानी चाटते हैं

जिस किसी से बेचैन होते हैं
तो यह रेत ही होती है
स्वाधीन रेत

आखिरकार और कितना सोखेंगे
नदी को
उसकी पवित्रता के नाम पर!

□□□